JN440070

상리화裳梨花

영시寧時의 영시詠詩

상리화
裳梨花

권영시 시집

그루

시인의 말

뛰는 가슴
절제될 줄 모르도록
무리지은 상리裳梨

우리네 사전에서 보지 못해
어리둥절한데

들춰야 하나 말아야 하나 고민하다가
총총총 붉게 익은 명사
땅에 뚝뚝 떨어지고

국어사전 터전에서
붉게 익은 단어 하나
발아發芽된다면야

훗날,
"읊조리길 잘했네" 상리화,
한갓진 가을
생각의 너털웃음 지어 볼까나

— 제2부 「상리화裳梨花」 전문

작년 추석 때는 부모님 영전에 한국출판문화산업진흥원에서 선정한 우수출판콘텐츠 도서 『「보각국사 비명」 따라 일연

一然의 생애를 걷다』를 올려 드렸는데, 올해는 시집 『상리화裳梨花』를 드린다. 그런데 시집의 도서명이 낯설다. 이도 이럴 것이 나의 이름처럼 우리말 사전에는 없는 단어다. 시를 읊음 영시詠詩는 사전에 나온다. 한글로만 내 이름과 똑같은 영시, 그간 영시의 졸작 영시를 탈고하면서 시집 제목을 고민했다.

강화도 고려산을 다녀와서 고문헌을 뒤척이다가 국어사전에서 보지 못한 단어 하나 알아냈다. 보지도 못했는데 어찌 그리 맘 설렜을까, 국립중앙도서관도 찾아가고 문헌 쪽쪽 수소문해도 끝내 글귀 하나 내밀지 않더라. 그게 상리화裳梨花이다.

끝내는 진원지를 밝혀냈다. 근원을 찾은 데서 「상리화」 시 한 편 읊조리고 시작 노트를 적었다. 사전에 없는 명사라며 고민하다가 문학 이름 앞에 시집 제목으로 내세운다. 거기에 적은 시작 노트를 여기에 옮겨 쓸까 했는데 너무 길어서 다 적지 못한다. 졸시 한 편 글머리에 옮기고 거기 시작 노트를 시인의 말로 대신한다.

나름 전국 부·군·현 치소를 많이 찾아다녔다. 문화재로 지정된 유적지 등에 왜곡된 명칭이 없지 않았다. 세월의 나이테 더께 지면 콘크리트처럼 자꾸 굳어진다. 지금이 곧 제때라고 생각하고 바로잡아야 마땅하다. 졸시로 대변시켜 시인의 말에 하나 더 덧붙인다.

2021년 가을

동천서실東泉書室에서

차례

1부
궤적

2부

여유

3부

진경珍景

4부

심결心潔

5부

영가永嘉

해설

1부
궤적

초여름

햇덩이 서산 넘던 삭망朔望 며칠 후
상현 가던 허공에 손톱만큼의 쪽배 띄웠네
미동 없는 푸른 산천에 한 점 구름 없는
맑은 하늘 오히려 무더위 포개는 저녁쯤

어스름 달밤에 쪽배라도 타면서
바람잡이 나설까 했는데
갑자기 먹구름 되레 검게 엄습하자
청개구리 동요가 인다

요사스런 구름이 주범인가
그 선동자 주위로는 온통 중구난방衆口難防에
소리 소음만 무성한데

그들이 어미 무덤에 가기도 전에
쪽배는 풍랑에 침몰하고
간특한 구름 내리친 빗방울 후두둑
무더위 낚아채는 그즈음

아름다운 인삿말은

"안녕하십니까?"
안녕을 묻는 끝자리에 물음표 하나 붙여
말꼬리 살짝 빼 올리면
화답을 바란다는 조건도 함께 묶은 물음이리라

"감사합니다"
물음도 조건도 말꼬리도 내리거나 올리지 않아
흡족한 마음 수평으로 건네면서 긴긴 여운 남긴다

"고맙습니다"
말꼬리를 조금 높게 살짝 올려놓고는
심장에서 우러나는 마음
올린 그대로 긴긴 여운 힘주어 건넨다

세로토닌의 먹이는 마음의 울림이니
시의성에 따라 아낌없이 건네야만 하리
지닌 마음 놀리면 뭣하겠나 싶어
아름다운 인삿말 생각에 고개 주억거린다.

밤하늘에 저 별은

밤하늘에 저 별을 그냥
별이라 말할 뿐

밤하늘에 저 별을 그냥
딴다
헨다
말할 뿐

설악산 만경대 별바위처럼
뾰족한 꼭지 다섯 개 선명한 그런 별을
본 사람
딴 사람
헨 사람
아무도 없을 거야

별자리만 그런대로 알려 줄 뿐
밤하늘에 별은 어디까지나
그냥 별이라 말할 뿐이지

0[無]의 위대함

0을 두고 無[0]라고 말했다가
숫자에 속할까 말까 논란이 일었다
숫자로 치더라도 힘꽤나 쓰려면
다른 어느 숫자 곁에 있어 줘야만 숫자 대접받는데

사실이지 0을 두고 누구라도
대접은커녕 대수롭잖게 여긴다
그렇다, 보편적으로 아무런 의미를 두지 않는다

0을 두고
다른 어느 숫자 곁에 있어야만 숫자라는 것은
오류
코로나 바이러스19 확진자 0이던 날
제대로 알아봤다, 대구가 증명했다는 걸

1위로는 원래 그 어떤 숫자도 곁에 두지 않는데
0이 거꾸로 1머리 위를 차지했으니
오류를 말하던 0이
오히려 더 위대한 숫자다.

생각의 공

야구공은 작지만
깨어지도록 얻어맞아야 멀리 간다
축구공은 더 크지만
터지도록 걷어차야 멀리 간다

야구공은 몽둥이에 매맞아서 아프고
축구공은 이리저리 데리고 다니면서
이쪽저쪽 넘겨주다가
끝내는 있는 힘을 다해 차버리니 죽을 맛이다

매맞은 야구공이 너무 아파
홈런으로 가던 길에 쪼개지면 어쩌나
차인 공이 죽겠다 싶어
골인 앞둔 코앞 문전에서 펑크나면 어쩌나

제아무리 마음 둥글다 해도
일방적인 가해라면 그 뒷일 감히
누구도 감당하지 못하리라

돛과 닻 다시 생각하기

언듯 모양만 봐선 별반 차이가 없어도
ㄷ과 ㅊ을 벌여 놓고 보면
ㅗ는 중간에 앉아 있고 ㅏ는 옆에 서서 버틴다

앉고 섰음이 재료나 기능도 서로 달라
ㅗ가 들면 물위를 누빌 원단이 원천이고
ㅏ가 들면 물밑에 꽂힐 쇠붙이가 원천이다

애초에 앉은 ㅗ와 섰던 ㅏ가 따로 자리하면서
가는[去] 항행과 멈춘[止] 정박으로 달리 쓰지만
앉은 ㅗ는 정박을, 선 ㅏ는 항행이면 어떨까

무반주 노랫가락

나른한 오후
굴신의 나이라면
텃밭 농부 아니라도

포크송도 트롯도 아닌
참아 내기 어려운
늙은 장단
절로 나온다

아주 짧고
늙수그레한 고통 뒤섞인
악보 없는
무반주 노랫가락

"아이쿠, 허리야"

지난 겨울엔

평평평
雨雨雨
氷氷氷
지구온난화 속도다

꽁꽁꽁
冬冬冬
雪雪雪
제트기류가 느려서다

어~~어
미끄덩
꽈~~앙!
내 집 앞을 그냥 놔둬서다.

• 2021 대구문인협회 제30회 '글과 그림전'(2021. 8. 18~8. 22 범어아트리스트 오픈갤러리 C구역 〈지하철 범어역〉) 및 2021 대구·경북연합예술제 대표 작가전(2021. 8. 24~8. 29 안동 문화예술의전당 갤러리)에 각각 전시

홍수

산비알
짓뭉개고
푸른 농심 넘보다가

온갖 것 핥아먹고
세차게 뒹구는
저 황톳물 근육

식성 좋은 궤변에도
저 하늘만 알고 있단다

자연을 탐욕하는 자들아
끝내는
바다의 먹이가 되는 것을
아는가 모르는가

너 자신을 알라

"내가
누군지 알아?"

"우리 아빠가
누군지 알아?"

네가 누군지

너희 아빠가 누군지를

내가
굳이
그걸 알아야 할 이유가 있을까

"소크라테스가
무슨 말 했는지
그걸 알아?"

나팔꽃 울음

아이가 갑자기 울고 있다
바늘처럼 뾰족한 물체 들고 울고 있다
그 물체는 화분에서 싹 틔운 나팔꽃 넝쿨손이다

그 어린 새순
베란다 난간을 잡고 스프링처럼 칭칭 감는데
곧게 자라도록 풀어 주다가
그만 뚝 끊어진 것이다

그 이전 어린아이도 얼핏
비정상의 정상화를 새겨들은 모양이다
빙빙 감아 자라는 넝쿨을
바로잡아 주다가 그만 탈이 났다

새순은 고사리 손에서 시들고
넝쿨은 축 늘어져 바닥에 널브러졌다

정상이 비정상이 된 나팔꽃 졸지에
갈 길 끊어지고 아이만 울린다.

Log off

카~톡 카~톡은 수준급 소음
일면식도 없는 메시지와 스팸 메일
혼돈과 혼란 속에 하루하루가 얽매인다

컴퓨터와 스마트폰 아니면 어떨까
이쯤서 와이파이 선로 자르고 등산화 끈을 조인 뒤
산이 산을 포개고 숲이 숲을 껴안은 산속에서
디지털 종양을 도려낸다

맑은 공기와 햇볕이 집도하고
환부는 짙푸른 솔 내음이 봉합하며
시술 흉터는 개울물의 서곡에
아름다운 새소리가 말끔하게 지워 주는 숲속

아! 이게 바로 아날로그 내팽개친 자유와 안락
그 이상의 행복은 어디에 있단 말인가
You Only Live Once
혼자라도 잘했다
Log off가 필요하다.

뇌향腦香

말문이 막힐 찰나
속도를 늦추라는 아내 말에 아예 차를 세웠다
가을 국화는 지금 따서 바짝 말리면
겨울 다향茶香으론 그저 그만이라는데
이튿날 많다 싶을 만큼 따 왔다
거실은 온통 산국山菊으로 노랗고
이 방 저 방 몰래 들어간 국향
안개처럼 자욱해 시야가 흐려 창문을 열쳤다
바깥공기 쏜살같이 뛰어들고
국향 쫓겨 나가고 이제야 아내 얼굴 보였지만
국향 땜에 찌든 얼굴 노랬다
그즈음 곧장 퇴짜 놓고 겨울 다향은 감국甘菊이라나
식음이면 어련히 감국이겠지만
달 감甘 자를 생략했나 보다
젠장! 가을의 깊이를 가늠하지 못하고
엉뚱하게 산국만 해코지해 말짱 헛일했을까
아내, 뇌향이라도 좋다며
베갯잇 벗겨 속을 채운다.

호랑나비 넌

꽃으로 오인했나 보다
한밤중에 불빛 툭 치다가
어둠에 몰매 맞고 방충망에 걸려
가을마저 기절초풍이다

천지를 들썩이던 매미 울음도
침묵 깔아 놓고 잠잠한데
통통한 아랫배 위급하게 움켜쥔 너는 어찌
계절의 징검다리 건널 줄 모르나

깔딱재 아닌데도
불빛 경사로에서 방황하는
바보들의 행진이여
으르렁거리며 포효하던
조상의 무늬가 부끄럽지 않나

창틀에 걸터 앉은
호랑나비
넌

불효자의 강퍅剛愎한 YOLO

거세지는 빗줄기에 재난방송이 흐른다
축사 지붕 올라탄 누렁이 둥둥 떠간다
아득히 먼 옛날의 태풍 사라호가 연상된다

작달막한 체구라도 장마 기미 느꼈다면
울며불며 어미 무덤으로 가야 마땅한데도
어쩌자고 고층 아파트 방충망 창틀에 걸터앉았을까

엎드린 자세로는 신장은 불과 한 치[寸]
등판 높이는 그 신장의 삼분의 일인데
어디를 키 높이로 봐야 할지 아리송하지만

강퍅한 마음은 아직도 그대론지
불효를 저지르고도 어떻게든 살아 부자는 건지
묘연히고도 치연한 저 청개구리의 행보

YOLO를 꿈꾸는 가냘픈 몸부림일까
울음 멈추고 공기압 조절하느라
연초록 목덜미 쉼 없이 벌렁거린다.

마늘밭의 강설降雪

입춘 지나고도 자꾸만 곤두박질치는 날씨
그 바람에 농부가 벗기지 않은 하얀 비닐은
컬링 경기장처럼 햇살에 반질거린다
정월대보름 앞두고 하얀 눈 도톰하게 덮이자
벗기지 않길 잘했네! 하다가 오후는 달랐다
반질거리던 하얀 비닐은 영락없는 컬링 경기장
절후의 작전 타임으로 비닐 속 영하의 선수들이
영상을 향해 “영미! 영미~ 가야 돼! 가야 돼~”
어쩐지 국민 영미 부르는 아우성 같아
반질거리던 지붕 말아 올렸을 테지만
녹아내리면서 다시 속도 조절하나 보다
스톤의 밀대처럼 길어질 마늘 순 보이면서
푸른 밀대 재바르게 밀어올리자
“영미! 영미~ 됐다! 됐어~” 둥근 해머의 이 말에
육쪽마늘은 스톤하우스 중앙 버튼처럼
둥근 생각에 튼실하고 야무진 근력도 있었지만
모진 한파와 무거운 강설을 이겨 낸 이즘
금메달 놓친 평창 올림픽의 아쉬운 기억으로 자란다.

2부
여유

복수초

영동지방 산골에
헬기로 군인 메달아 내린다
태양은 여태껏 숨어 지내고
상현달은 또 어디서 원형을 그릴까

소망일小望日 지나면 추녀끝 타고 내려
문구멍 비집을 둥근달은 솟아오를지
자식들 고향 길은 뚫릴지 모르겠지만

아직도 고단한 흔적 키 높이로 비견한다면
이리저리 휘젓는 헝클어진 흰빛 날개짓
높디높게 쌓여 간다면

하얀 어둠에 바동거리는
내 정수리만 진노랗게 짓눌릴 뿐인데

달리는 봄

연도에
들뜬
노랑꽃 개나리
무정차로 달리고

차창 밖
시선을
획획 나르는
싱그러운 벚꽃
가지마다
늘어진
봄볕으로 달린다

나른한 오후
길섶에 혼 팔리다
신천대로가
거꾸로 달린다.

흘낏 꽃구경

진달래꽃 몽땅 내려서도
등산객일랑 홍예 산꽃으로 피어나고
꽃이란 꽃 아우성이라니 나도 꽃구경 나선다

초록이 푸르게 변해 가는 산천에
커다란 바윗덩이 부둥켜안은
철쭉 화안대소花顔大笑다

그 꽃 뒤로는 누가 있을 거라고는
미처 생각지도 못하고 무심코 다가가서
바람 잠자면 셔터 누를 판인데

도둑이 제 발에 놀라듯 그때 갑자기
미사일 발사보다 더 빨리 치솟은 단독 화장실

엉겁결에 내가 더 놀랐지만
철쭉꽃 비길 데 없는 그 꽃
흘낏 보게 됐네여, 그만

금낭화 꽃대궁과 피타고라스 정리

경기도 용문산 봄 벼랑에 금낭화 우르르 모여 산다
꽃대궁은 미늘에 대어가 낚인 낚싯대처럼 휘어졌다
꽃피운 꽃머리는 어김없이 붉은 하트 모양인데
사랑의 아이콘 하나씩 1cm 간격으로 촘촘하다
이런 데서 하트가 몇인지 꽃대궁 길이를 알아본다

금낭화 키는 무릎 높이며 휘어진 거리는 팔 길이다
꽃대궁의 길이^2=금낭화 키 높이^2+휘어진 끝 직선거리^{2}이다
휘어진 꽃대궁은 직각에 대항하는 빗변이 되는데
피타고라스 정리라도 실제는 직삼각형에 대항하는
빗변의 길이는 더 길어지기 마련이다

꽃대궁은 안쪽에는 종족을 위한 씨앗 여물어 가고
초리 쪽은 사랑의 아이콘을 표방해 양면성도 지닌다
춘풍에 팽팽하고 늦봄에도 아슬아슬하게 휘어져
꽃대궁 길이나 직각에 대항하는 빗변의 길이나
수치상 어려워 벼랑 기웃거려 하트를 세어야 했다.

꽃무릇[石蒜]

불같은 폭염
저만치 가고 나면
사랑이 그립고 계절이 아쉬워
참사랑 나누고 싶더라

이 가을 가기 전에
너를 생각하며
저 겨울 오기 전에 먼저
콕!
찍고 싶은 설레임
내 아니면 누가 밝혀 주겠나

가을 마르기 전에
붉게 회장히고
사랑의 횃불로 전국 휘휘 돌며

뜨거운 사랑
콕콕!
각인하고 싶어라

벼랑쟁이 능소화

쟁이는 숙련자를 의미할 텐데
담쟁이는 넝쿨임에는 틀림없고
도솔산 선운사 들머리 벼랑에 송악도
넝쿨임에는 틀림없지만

마이산 탑사의 능소화처럼
꽃 피우면서 벼랑을 기는 넝쿨 보면
참 장하다 싶더라

천둥 번개 비바람에 몰매 맞고도
능청스럽게 꽃피우는 저 능소화더러
넝쿨쟁이라 말해도 좋다는 생각이 드는데

전국 어디든 길섶에서 매연에 찌들어도
불평 하나 없이 저 발그레한 얼굴
초여름에 쟁이 풍경 자랑 염두에 두고
줄줄이 꽃피우는 생각의 능소화더러
벼랑쟁이라 말하고 싶어라

멸종 위기로 가는 꽃

할머니 묘지에는
할미꽃 피어 있고

동강 바위틈엔
동강 할미꽃 피어 있고

변산 산비알에도
변산바람꽃 피었다는데

꽃이 거길 뚜벅뚜벅 걸어갔나
제자리에 핀 꽃 보고서 그런 이름 붙였나

자꾸만 들락날락하다가
비슬지맥 북쪽 끝에서
손사래 치기 바쁜 깽깽이풀도
깨~갱 깨~갱

아하! 불청객 싫다더니
멸종위기로 가는구나, 끝내는

벚꽃

나는 불렀네
쌍춘년 기슭에 머뭇거리는
또록또록한 봄을

나는 보았네
어두움 여과시켜
달빛 뽀얗게 머금은 화안대소花顔大笑를

나는 마셨네
고요 흔들어 허공 저울질하는
화경花莖에 주렁주렁한 연분홍빛을

나는 느꼈네
봄비에 바람이 뒤엉켜
화사한 체온 뚝뚝 떨어지는 아쉬움을

나는 들었네
그대 떠나는 꽃 눈[雪] 위에

초년初年이 짓밟히는 악착같은 미소를

음! 알았네
한때의 아름다움들 그렇게 간다는 것을

• 매일신문 〈시와 함께〉란(2006년 5월 4일)에 실림

생각의 나무

로댕은
아직도
한쪽 팔로
생각의 턱을 괴고 있다

가로수는
질주하는 도로가
위태로운 듯
길섶에서 외줄 잇고

숲은
기운 비탈
위태로운 듯
외발로 빽빽하니

이렇듯
수많은 나무 모두
한쪽 다리로

생각의 턱을 괴고 있다.

• 『대구문협 대표작선집』 II권(2013, 대구문인협회) 및 『영남문학인 대표작품선집』 1권(2020, (사)영남문학예술인협회)에 실림

밤나무꽃

꽃이란 꽃은
햇볕 좋은 봄날을 놓칠까
3월을 서두르고
5월이 가기 전에 마음 바삐 꽃피우지만
지금은 유월이라
초여름을 점지하는데도
산천초목 아낙네 꽃바람 날 때 욕정을 빗대는가
우듬지마다 이미 짙푸르고
한낮에는 두터운 그늘 무뚝뚝하게 내려놓는데도
배꼽 앞에 늙수그레하게 늘어진 코끼리 고것처럼
허울 아닌 꽃 이름 공개적으로 매단 밤나무
그토록 음흉한 사내 내음
방사형으로 사정하는 비릿한 꿍꿍이는
누굴 향한 짓거리인가

생각의 나무

—지주목

지난해
새로 심은
가로수

그냥 놔두면
모조리
죽을 것 같아

몸통에
죽은 놈
서넛
덧붙였더니

따라 죽지
않으려
더욱 짙푸르고
싱싱한 것을

나무의 유혹

언듯
노랑꽃
뭉뚱그려 봐서는 산수유다

밑에 쪽 아기 엉덩이마냥
봉긋한 하트 모양 곁들인 이파리는
영락없는 박태기다

김유정의 소설에는 노란 동백꽃이고
정선아리랑에는 올동박이다

꽃
잎
뜻
삼위일체로 혼란을 준다는데
생강 냄새라면 또 어쩌겠나

숫제, 유혹이 교차될 것도 없는데
그래도 일침 이파리 비벼 볼 일이다.

숲의 인고와 여유

또렷하게 디딘
한 발 한 발
비탈 아닌 곳 어디 있더냐

비탈이라도
온갖 것 내통하게 하고
새들의 음악당도 주렁주렁한

높으면 높을수록
휘어질지언정 더 꼿꼿하고
심하게 기운 산비알
수직으로 붙든

이런 숲의
인고와
여유를 다시 보아라

소나무와 논객

어쩌다 흙 한 톨 없는
암괴류 내디딘 늙은 소나무
애처롭다

등 휜 고통에 위로는커녕
곁푸름이 멋바라기인 양
존귀한 몸매로 치부해

멋있다
분재 같다
고풍스럽다는데

오늘도 논객 앞에
침엽針葉으로 한 땀 한 땀
봄볕 꿰차고

발뿌리로 정釘을 박아
암반을 파고드는 느릿한 침투력
소나무만의 과감한 라이선스다.

대나무

세차게 누르면 힘차게 눌려 본다
산천이 휘어지도록 휩쓸려 보지만
다시 일어남도 보여 준다
강풍과 돌풍에 넘어지듯 부러질 듯
비스듬히 누워 볼 테면
그들은 재미있는 듯 더욱 반복적이다
누구라도 과격한 맞대응으로 힘겨루기한다면
꺾이거나 동강날 수 있으므로
누르면 누를수록 넘어질 듯 부러질 듯
원하는 쪽으로 지긋이 쏠려 보는 것도
예의를 갖추는 방법인 것을
누구든 이렇게만 살았으면 좋으리라
텅 빈 체내에 부를 축적하거나
살점 가득 채우지 않고 오히려 꼿꼿한 정신
욕심의 나이테 하나 없는
텅 빈 대궁만 곧게 빼 올린
강인한 마디
그런 뼈마디로 살았으면 좋으리라

상리화裳梨花*

뛰는 가슴
절제될 줄 모르도록
무리지은 상리裳梨

우리네 사전에서 보지 못해
어리둥절한데

들춰야 하나 말아야 하나 고민하다가
총총총 붉게 익은 명사
땅에 뚝뚝 떨어지고

국어사전 터전에서
붉게 익은 단어 하나
발아發芽된다면야

훗날,
"읊조리길 잘했네" 상리화,
한갓진 가을
생각의 너털웃음 지어 볼까나

*상리화 : 시작 노트 참조

● 시작 노트

2016년 4월 22일. 강화도 고려산에 진달래 축제를 보러 간 머나먼 길에 하필이면 안개인지 는개인지 깊은 밤처럼 어둠이 휩싸였다. 정상이 가까워질 즈음 생각지도 않았던 '고려산성' 안내판이 보여 반가웠다(산성을 많이 찾아다녀서 그렇다). 휘돌아 오르자 이내 정상인데 기상이 이쯤이니 옆 사람조차 아예 분간하기 어려워 축제는커녕 황급히 하산을 서둘렀다.

이듬해 2017년 4월 17일, 포기는 없었고 다시 올랐다. 사실 고려산진달래축제는 비슬산참꽃축제를 창안한 자부심에 고려산에 진달래 분포 면적과 인파 수에 관심이 깊어 이를 염두에 두고 올랐지만, 결과는 생각과는 달랐다. 그런데 기대와는 달리 지난해 기상 악화로 보지 못한 팥배나무 군락지를 보게 됐는데 분포 면적이 이만저만이 아니었다. 게다가 한 그루터기에 보편적으로 대여섯에서 많게는 스무 개도 목격해 경탄했다. 전국적으로 높은 산이면 팥배나무가 자생한다. 서울의 일월동에 옛 대모산성을 찾아가던 산길에도 팥배나무가 엄청나게 분포하지만 고려산에 비할 순 없었다. 이곳이야말로 전국에서 으뜸일 정도이다. 이렇다 보니 고려 고종왕릉을 가다가도 고려산의 매력은 자연스레 팥배나무 군락지로 뒤바뀌었다.

2017년 11월 18일, 열매가 익어갈 즈음에 또 발길 들였다. 해발

400m부터 고려산 북쪽 산비탈은 모조리라 해도 과언이 아닐 만큼 빼곡했다. 파란 하늘에 총총총 붉게 자수刺繡 놓듯 열매 매달아 어디서도 볼 수 없었던 대면적 군락지, 거대한 크기의 개체 수도 여럿을 목격하고 주철자를 드리민 결과 최대치는 근원 직경이 92cm였다. 가지 잘린 직경 14cm도 나이테가 무려 서른 개나 되었다. 이런 데서 최대치의 나이는 어림잡아 백 년은 넘는다. 산새들이 붉은 먹거리를 도식盜食하는 모습에서 넋을 잃을 정도여서 발길을 내려딛을 수 없었다.

그런데 고문헌을 뒤척이다가 놀라운 사실을 발견하게 되었다. 『朝鮮賦조선부』 문헌에 들어 있는 「裳梨花상리화」 문장과 국역 『신증동국여지승람』에 쓰인 문장 당리화棠梨花가 그것이다. 『朝鮮賦조선부』 문헌은 명明나라 사신 동월董越이 1488년 정월에 조선을 방문하면서 40여 일 간 견문을 엮어 쓴 책자인데 거기에 「裳梨花상리화」를 제목으로 쓴 문장이 나온다.

또한 『신증동국여지승람』에는 후미에 원문을 영인해 함께 엮었는데 경도京都 上 국도國都 조에 동·식물을 열거하면서 오얏꽃 다음 글귀가 『朝鮮賦조선부』 책자의 「裳梨花상리화」 문장을 인용 부기附記한 글이다. 거기에 「裳梨花상리화」 글귀가 『朝鮮賦조선부』 책자의 「裳梨花상리화」 문장과 똑같다. 그런데 국역 문에만 '棠梨花당리화'로 쓰고 풀이했다. 당장 국어사전을 펼쳤다. 사전에서 '棠梨당리'는 팥배이고 '裳梨상리'는 등재되지 않았다. 아니, 않았다가 아니라 없었다. '裳梨花상리화'를 국역하면서 '棠梨花당리화'로 오기誤記한 것은 아닐까, 조선 중종 때의 『신증동국여지승람』에 『朝鮮賦조선부』 책자의 「裳梨花상리화」 문장을 그대로 인용해 옮겨 쓰고 목판을 새겨 편찬했을 텐데, 가령 우리말 사전을 만들면서 국역문의 '棠梨花당리화'를 인용해 '棠梨당리'로 등재했을까, 이도 저도 아니면 중국의 한자인데도 명나라에는 「裳梨花상리화」이고 우리네만 '棠梨花당리화'일까. 만약, 명나라가 맞는다면 『신증동국여지승람』의 오류가 사전에 잘못 굳어진 게 아닌가 싶다. 의심할 만한 단어 하나 찾아내고, 자문받은 원로 한문학 교수님도 유사한 국역 문 오류를 예로 들면서 동감을 표했다. 이 참에 『朝鮮賦조선부』 책자의 「裳梨花상리화」 문장과 『신증동국여지승람』의 영인 원문 및 국역 문장을 함께 옮겨 적는다.

『朝鮮賦』「裳梨花」-自三月中八日 自朝鮮國啓行 時裳梨花 落殆盡 又行數日 過鴨綠江 始見有初開者 盡其國漸延東南地暖故也 朝鮮賦注[1]

국역 : 내가 3월 8일에 그 나라로부터 떠날 때 당리화棠梨花가 거의 떨어졌는데, 또 며칠을 걸어서 압록강을 지나서 비로소 그것이 처음 피는 것을 보았다. 대게 그 나라가 동남쪽 가까울수록 따뜻했기 때문이다.[2]

---

1 『朝鮮賦』「裳梨花」 및 『新增東國輿地勝覽』 卷之 一, 京都 上, (재)민족문화추진회, 1988, 國都, 裳梨花 영인본 원문, 21쪽

2 국역 『신증동국여지승람』 제1권, 경도 상, (재)민족문화추진회, 1988, 국도 조, 국역 글귀, 41쪽

이를 보아 '裳梨花상리화'는 『朝鮮賦조선부』 책자에 한 문장의 제목이기에 자명하다 할 것이다. 국역하면서 오류로 '棠梨花당리화'가 되어 오기한 것으로 보인다는 의문이 맞는다면 국어사전에 '裳梨상리'가 등재되는지, '棠梨花당리화' 역시 바로잡든지 그 명제命題가 아닌가 싶다. 팥배나무 꽃 이름 더러 '裳梨花상리화' 이름으로 졸시 한 편 읊조리게 되어 시작 노트로 적었다.

3부

진경珍景

낮달

동그란 명경지수 속
남모르게 들어간 낮달
해종일 빠져 있다

그걸 건지려다
내 얼굴이 빠졌고
서로 얼싸안고 뒤엉킬 때
두레박으로 고이 건져 올렸다

철~
철~
철~

넘치도록 건져 올렸는데
낮달 그대로 빠져 있고
내 얼굴도 다시 빠졌다.

산마루에 서면

저 멀리
뵈는
가슴 같은 봉우리

누굴 좋아라고
봉긋봉긋
솟았나

짙푸른 몸매
밟아 오른
힘든 애무 끝

산 아래
노닥거리는
은빛 물줄기

곡우穀雨

아! 목 탄다

퇴근길 생맥 홀에서
간판이 부르짖는 한마디가 아니라
나무가 전하는
다급한 어조의 메시지였다

아! 목 탄다

용트림하는 푸른 능선 비틀고
구불텅한 계곡 깡마르게 비틀고 있을 때
이를 알아차린 오늘
오늘 잊지 않아 고맙다

아! 목 탔다

벌겋게 단풍 들던 소나무
초록빛 탄성歎聲 촉촉이 젖고 있다.

금강산 구룡폭포九龍瀑布

상팔담 내려서면서
위태로운 절벽이 좋아 곤두박질치다가
산산이 부서져 처박힌 저 몸뚱이
어쩌나

폭발적으로 돋아나 하얘진
크고 작은 둥근 고통
스스로 삭이고야 본성 되살아
잔잔한

한 번쯤
내동댕이쳐 봐야
혼미해진 마음 가다듬을 것이야
누구든

• 우수출판콘텐츠 도서 『「보각국사비명」 따라 일연(一然)의 생애를 걷다』(2020, 민속원)
에 실림

문천도사蚊川倒沙*

문무대왕릉 대왕암 벗어나면서
금오산 저 높이로 포물선 그리던 봄볕
반월성에 우르르 햇살로 내리꽂힌다

치술령과 토함산 얼음장 풀어낸 물개 내[남천]는
월정교를 투영하고도 남지만
얼마나 맑갛으면 모래가 거꾸로 흐를까

봄을 거슬러 유랑하던 청둥오리
금강산 절경 버금가는 한 척 석선石船에 올라
가족끼리 화락和樂하고
햇살에 꼬드긴 산수유 노란 봄 팡팡 터트리지만

행여 원효내사처럼 거짓 나락해 의제衣體를 적실끼**
요석궁 옛터에서 토담 제겨디딘 까치발로
징검다리 내려보는 홍매 눈초리 너무 붉다.

*신라 팔괴 중의 하나인 문천의 괴이한 풍경
**『삼국유사』 권4, 의제 제5, 원효불기(元曉不羈) 조 인용

조홍시早紅柹

낙선재樂善齋* 조홍시
격이 있는가 보다
덕혜옹주 드나들던 장락문長樂門 앞에
파란 하늘 붉어져라 자수 놓는다

까치들 끼니 걱정에
홍일점 딱 하나 남긴 촌가村家와 달리
낙선재를 지키는 조홍시

격군심지비格君心之非**로
하늘 자수 놓는 점박이로 총총하다.

* 낙선재(樂善齋) : 창덕궁 동쪽에 1847년(헌종 13)에 중건된 건물, 낙선재와·석복헌(錫福軒)·수강재(壽康齋) 등을 낙선재라 일컫고, 장락문은 정문이다.

** 격군심지비(格君心之非) : 맹자서설(孟子序說)의 논사군 칙왈(論事君 則曰) 격군심지비(格君心之非) 일정군이국정(一正君而國定) 임금을 섬기는 도리를 논함에 '임금의 마음이 그릇됨을 바로잡아 한 번 임금을 바로잡으면 나라가 안정된다'는 구절을 인용했다.

본시 우리네 산 이름이면 좋겠다

북한산이 삼각산이면 좋겠다
북악산이 백악이면 좋겠고
남산이 목멱산, 낙산이 타락산
인왕산이 무악이면 좋겠다
내사산이든 외사산이든 안산이든
산자락부터 산등까지 옛날의 그 산이면 좋겠다
울울창창 숲으로 돌아갈 수 있을까
서울의 산

앞산이 성불산이면 좋겠다
연귀산이 봉산이면 좋겠고
비슬산이 포산, 팔공산이 공산
성산이 봉화사이면 좋겠다
관기안산이든 진산이든 외안산이든 내안산이든
산자락부터 산등까지 옛날의 그 산이면 좋겠다
울울창창 숲으로 돌아갈 수 있을까
대구의 산

노을이 자빠지면

하늘 떠가며 온종일
스스로 시간 맞춰 세상살이 지켜 살다가
지친 포물선 저 서편 끝자락서
동그란 오늘 넘보다가 산에 닿는 노을
보이는 곳과 보이지 않는 경계선상에서
발그레한 얼굴로 멈칫거릴 때
발가벗은 몸통 통째로 자빠지는 그 순간
암흑의 커튼 드리워져 아무도 볼 수 없는 곳
도대체 거기서 무슨 일이 벌어질까
지친 하루 헹궈내는
어둠의 깊이는 그렇게 황홀했던가
아침이면 어둠 탈바꿈한 웃는 얼굴은 늘 활기차다
나도 저렇게 발가벗은 채 자빠질 수 있다면
저 산 너머로 빠져들 수 있다면
어떻게든 고단한 흔적 지울 수 있을 텐데
스스로 살아야만 내일 다시 또
둥근 몸통으로 태어날 수 있을 텐데

울릉도 석향石香*

뼈대에 뼈대를
내걸고
풍광으로 살아가는
정좌正坐

뼈대에 뼈대를
내걸고
지질공원 붙든
난좌難坐

* 울릉도 도동항 산마루에서 자라는 오천 년 향나무

춘설春雪을 묵상默想하다

발뿌리 근질근질한 복수초
입춘 우수 지나자 노란 삶을 내디딘다

차가운 햇볕 얼싸안고
발레리나 춤사위는 시작되고
경칩 앞에 얻어맞은 폭설에 레이스가 차갑다

그대가 나를 속인 게 아니라
내가 계절에 섣부르게 속아
폭설을 저주하지 않고

내 온몸으로 발산하는 과열에 힘입어
푸시킨처럼 미워하거나 원망하지 않는다

삶의 목적은 오로지 하나
생텍쥐페리와 같은 사랑이기에
하얀 춘설 오롯이 사랑으로 묵상하리라

친절한 독버섯

컴퍼스를 빙빙 돌려
디자인한 듯 완전한 원형에다가
빨강 노랑 하양 온갖 색상으로
우산처럼 펼친 모양이며

정교하게 짜맞춘 무늬와
믿음직한 풍체 위로 더없는 화려함에
또다시 하나 아닌 촘촘하다면
눈길 더욱 이끌기 마련인데
그 품은 뜻 따로 있을 거야

흔히들 지나친 친절과 넘치는 아름다움도
사양과 조심의 대상이지만
꽃뱀처럼 눈길 입질 손길
분명 노리고 있을 거야

그토록 타일렀건만 화려함에 매료되어
낭패 본 이들 있을 거야
분명코

폐비닐

일정한 거리 간격
나란하게 맞추다가
과속과 매연에 찌든 가로수

이젠
좀 쉬어야 할 것 같아
이파리마저 훌훌 털고 서 있는데

똑같은 간격으로
밭고랑 보듬던 검은 비닐
바람이 데려와
편히 쉬고 있는 내 몸에 걸터앉아

제자리 아니라며
눈 내린 하얀 풍경
까맣게 흔들어 댄다.

산중 요수遼水

산간
바위 턱에
걸린 물

함부로
더럽히지
말아라

물고기가
내뱉은
폐수가 아니라

온갖 나무들이
우려낸
뜨거운
국물이란다.

• 우수출판콘텐츠 도서 『포산(包山)서 되찾은 일연의 흔적과 비슬산 재발견』(2014, 묵랜드)에 실림

초원을 자수刺繡 놓다

하루 지났는데 날짜가 흐릿하다
저 멀리 경사로 희미한 비탈까지 모두
목초뿐인 줄 알았다

말발굽에 짓밟히고
양떼의 아귀에 할퀸 저 광야
더위에 지친 마른 흙 한 움큼 거머쥐고
무거운 바람 일렁이는 그들은 유월에도 지천이다

광야에서 말 타고
별밤 양고기 바비큐에 마유주馬乳酒 마신 사람들
지금껏 초원에 자수 같은 이야기
아무도 전해 주지 않았다

희디흰 게르 옆에 두고
저 푸른 초원 덧칠한 희고 붉은 노랑꽃
눈감아도 보여지는 지친 앵초 지금
광야의 말발굽 소리 듣고 있다.

비슬산 춘설春雪

시끄럽고
흉특凶慝하고
난무亂舞한 세상
늦게라도 잠재우고 싶어

조용하라고 심야를 택했습니다
보기 싫다고 덮어 버렸습니다
깨끗하라고 하얗게 더 하얗게
흙 한 톨 놓치지 않고 겹겹이

지나간 을유년乙酉年엔
경칩驚蟄마저 깊은 잠재웠습니다

냉철하고 부드러운
때아닌 비슬산의
위대한 하얀 이야기

• 한국학중앙연구원 | 한국향토문화전자대전 | 달성향토문화백과 문학 편에 실림

전선애電線愛 부부애

너른 강을 건널 때나
가파른 산등 뛰어넘을 때나 혼자란 법 절대 없다
박쥐처럼 거꾸로 매달린 가로등도
도둑처럼 이 방 저 방 들락거린 전등도
햇빛 앞엔 사체死體 되지만 혼자란 법 절대 없다
늘 동반자 자세로 똑같은 삶을 살면서
나란한 이격을 존중하는 예의 바른 두 가닥
살을 맞대어 티격태격하다간
누가 먼저랄 것도 없이 버럭 화火를 내지만
화禍와 누累를 범하지 않겠다는 부부애는 말한다
"어느 하나 더 굵고 가늘거나 더 길어지지 말자고,
나태하면 축 처지므로 늘 긴장하며 팽팽하게 살자고"

늦은 밤 베개를 베고 불을 끈다, 끄는 것은 빛을
지우는 지우개, 지우개는 되레 칠흑을 이끄는 자석
아침이면 더 깨끗하고 새로운 밝음 주어지지만
벚꽃 만개 때면 직박구리 날아와 부부애를 떠본다
동선銅線, 금실[琴瑟] 가닥인가를

4부

심결心潔

겨울 꽃눈[花芽]

본다면야 솔직히
맹탕으로 높은 겨울 하늘보단
하얀 구름 제 맘대로 연출하는
가을 하늘이 더 좋다

간혹 백마馬 등판에 올라탄
백호[虎]든 백곰[熊]이든 백구[狗]든 말갈기 틀어잡고
목덜미 물어뜯으며 한바탕 으르렁대던
그런 살아 있는 구름은 한 편의 시네마였지만

생의 투혼 사라진 혹독한 이 겨울
꽃바라기 오히려 텅 빈 맹탕 하늘이 썩 좋아
방긋방긋 요란할 잔치 눈감아 기다리며

봄의 향연 잊힐까
한 점 구름 없는 높은 하늘 향해
달 뜨면 별바라기
해 뜨면 볕바라기 나서서
매서운 겨울 이긴다.

파사석탑婆娑石塔 서울 나들이

가락국 수로왕비 보주태후 허씨의 능은
소나무숲과 돌담의 호위를 받아 아늑하다
석탑은 아유타국에서 허황옥 공주가 싣고 온
파사석을 보주석 위에 여섯 층을 올린 돌탑인데
홍살 두른 탑각에 바다 건너 아유타국을 내려볼 때
붉은빛 나돌고 희미한 무늬 나타나지만
일제가 능 옆으로 산을 뚫고 신작로를 내서 그럴까
매연에 찌들어 보기에도 별로 좋지 않았는데
가야본성 칼[劒]과 현(絃) 특별전* 서울 나들이에
온천욕이라도 했을까, 붉은빛 희미하게 나돈다
그 옛날 파사각 세워지기 이전 묘역에서
꼬질꼬질한 바지 적삼에 짚신 신은 남루한
사내아이 세워 두고 찰칵한 시멘트 바른 파사석탑
그와 조금은 달라도 배경만큼은 제 모습 같아서라
해은사海恩寺도 잊지 못해 그리움 서렸을까
뷸안은커녕 서울은 괜찮아 층층층 파신을 다독인다.

* 2019년 12월 3일~2020년 3월 1일까지 국립중앙박물관에서 열린 특별전

수성못의 봄

홀로섬에
버즘나무 꼭대기만 고집하는
까치둥지 하늘둥지 명당이다

길가에 흐드러진 벚꽃
수상에 자수 놓을 즈음
버드나무 실가지 푸른 수직으로
곤두박질치고

나른한 오후의 섬에
고니 잠을 청해
물결이 고요하다

하늘 구름과
해종일 놀아나던 저물녘
황홀한 물빛에
이윽고 진풍 내린
법이산

까치절터*에서

보재미샘*에서 목 축여 오르면
묵직한 어깨 비비댄
정교하고도 매섭도록 각이 진 그 축대 위로
금당金堂을 기억하는 둥근 돌덩이 하나
가부좌 틀고 앉아 있다

귓볼이 쫑긋한 조릿대는
이토록 허기진 축대 행간을
느긋하게 드나든 모습에서
신라와 고려 시대 흔적이 자양분인가
이 겨울에도 늘 푸르르다

눈 내린 포산包山의 산등마다
진달래꽃 겨울눈[冬芽] 눈썹 떠벌리는 햇살 우글거리지만
불경 소리 오래된 지금
병풍 두른 벼랑에
잊어 지낸 주악비천상奏樂飛天像 자꾸 어른거리고

부서진 기왓장과
도자기 조각 하나하나
수백 년 전의 기억들 속속들이 풀어낼 때
보당암의 심장이 내 심장에 들어와
펄쩍펄쩍 날뛰면서 옛이야기 터트린다.

*까치절터, *보재미샘 : 까치절터를 『한국지명총람』(1965)에는 '대견사 아래에 있는 절터'이다. 또 까치절터 아래의 우물을 '보암샘[보재미샘]'이라 했다. 대견봉(1,036m) 아래 해발 960m쯤에 있는 이 절터를 선불장에 상상과로 합격한 일연 스님이 처음 머문 '보당암' 절터로 비정한다.

• 우수출판콘텐츠도서 『「보각국사비명」따라 일연(一然)의 생애를 걷다』(2020, 민수원)에 졸시가 실림

역逆 생각

신문에 택배 상품 광고 볼 테면
가격 높낮이에 유독 의혹이 깊어지는데
높은 가격의 검은 글씨 정가 중앙으로
유독 붉은 줄 횡으로 주~욱 긋고 낮춘 가격은
몸통이 더 비대하고 선명하다

정가 매몰시키고 저가 탄생되기까지
정가 공과功課는 인정했는지 모르겠지만
붉은 줄로 사장시킨 이유는 무엇일까

아! 그러고 보니 코로나에 매몰되면서
출시 기념가, 대량 생산가, 파격 할인가며
특별 할인가와 밥도둑도 출연시킨다

그렇다면 출시와 대량은 내공을 인정하지만
출연진 얘기가 유혹인지 과연 동일 상품인지
살지 말지 의심 깊어질 독자들만 생각케 된다.

고향 가는 바닷물

바닷물이 애초의 고향 뭍으로 갈 조짐인가
파도를 앞세우고 일렬횡대로 나서는 길은
인간사처럼 순탄치만은 않으리라
바다 위에 작은 섬이 앙칼지게 홀대하고
해안의 암벼랑이 날카롭게 저주해도
억척같은 정신력 가다듬고 물거품 헐떡이며
모래사장과 몽돌을 징검다리 삼아 디뎌 밟지만
저멀리 수평선이 달려와
파도 꼬리 물고 늘어져 오르지 못한 저 뭍
끝내 포기는 없었고
어차피 가야 할 발길 나선 이참에
모로 가도 서울을 가고야 말 것을
하늘길로 돌아가리라
하늘 어스레한 날
미세한 프리즘 엉겨붙은 변심의 몸으로 승천해
애초의 고향 찾은 하늘길에 올라
체구가 비대하면 그리운 뭍으로 주룩주룩
고향을 내려디딘다.

알고 보니

노처녀가 골목길에 뒤돌아 앉아
뭔가 열심히 들여다본다
알고 보니 고양이 산후조리하며 새끼 보듬는다

이튿날 밤, 또 그놈(우)의 절박한 울음소리는
뭔가 다급한 일이 생겼다는 구원의 목청이다
잠시 후 모든 게 멈춘 밤
고양이의 하얀 밤을 검고 깊게 잠재운 건
독신을 선언했다던 그녀다

며칠 후 그녀의 아버지께 들었다
고양이의 한 수에 물이 올라
콘크리트처럼 양생된 생각이 흐물흐물해져
불법 아닌 유턴을 감행했다는데

모성애 부성애를 모두 느낀 것일까?
알고 보니 그녀의 독신 파괴는
고양이 자궁이었다는 것을

임산부 배려석

전동차에서 빈자리 살피던 중년 부부
남편은 아예 손잡이 잡고 섰는데
아내는 냉큼 핑크색 자리에 앉는다

양심 남편 왈
"거기는 임산부 자리야…"
불량 아내 왈
"임산부가 이 시간에 돌아다니겠어? 집에 있지"
집중된 이목 왈
"아니! 임산부더러 돌아다니다니 산부인과 병원
병원 아니라도 어딘들 못 가랴
말이나 말았으면 떡이나 주지"

게다가 추상적으로 덧붙인 '집에 있지'
그 뚱딴지같은 말 더 가관일까

등판과 바닥에 도배된 '임산부 배려석'
그 핑크빛 시트지 얌체 뚫어져라 치본다.

모서리의 유감

모서리가 난무한 도시
애초에 이 세상은 모두 둥글고
강으로 가는 물줄기 원천도 둥근 빗방울

나무도 몸통부터 가지 하나하나 모두 둥글고
하늘 나는[飛] 어미 새도 알은 둥글었다

물방울, 민들레 홀씨, 수박이 둥글고
나무 열매가 둥글고 물고기 알이 둥글고
사람의 머리와 안구도 둥글고

둥글어서 저 멀리로 유전자 종족 퍼트리지만
무한한 아이디어 내장된 둥근 머리
어찌 위태롭고 각이 진 모서리만 양산하는가

시드니 오페라하우스 지붕은 유순하고
새들의 둥지는 지붕 없는 둥근 지붕인데
이 세상 어디 없이 위태로운 모서리는 유감인 것을

내 잘못 아닌 통상 우리네 말

좌석이 부여되지 않던 학창시절 극장
영화관에 간상세포와 원추세포 교란이 끝날 즈음
누군가 옆자리에 "자리 있어요" 물어와
입장할 때 보니 의자가 없어서 "자리 없어요"
했는데, 엉덩이가 극장 바닥에 '꽝'이다
의자를 떼어내어 자리가 없다고 사실대로 말했는데
통상 우리네 말을 잘못 받아들여서 그렇지
내 잘못은 아니다

식사 자리가 경쟁적인 추석 명절 고속도로 휴게소
일행들이 일어서는 자리에 재바르게 앉았을 즈음
옆자리 넘보던 손님이 "자리 있습니까?" 물어와
내가 맡지도 않아 "자리 있습니다"
했는데, 획 돌다가 식판이 '와장창'이다
앉을 자리가 버젓이 있어서 사실대로 말했는데
통상 우리네 말을 잘못 받아들여서 그렇지
내 잘못은 아니다.

고종의 길* 첫눈

오색 단풍이
벤치에서 소곤거리는
늦가을

궁금한 첫눈이
새벽 일찍 내려와
더께 앉았다

아침나절
햇살이 또
내려앉다가

자리가 비좁아
하얀 눈만
슬쩍 데리고 간다.

* 고종의 길 : 고종이 아관파천(俄館播遷)한 길이다. 아관은 러시아 공사관, 파천은 왕이 궁궐을 떠나 난리를 피하는 일

의리의 돌덩이

제주 올레와 군위 한밤마을 돌담장 보면서
애초의 돌덩이를 생각한다
모나고 울퉁불퉁 제멋대로 생겨 제멋대로 살아도
날카롭고 모난 성질만은 인정할 만하다

이런 데서 쓸모없는 게 아니라
둥글둥글하기 보다는 오히려
안정적으로 버텨 내는 저력이 강하다

이런 돌을 돌쟁이가 가뿐히 들어올려
망치로 엉덩이 툭툭 쳐서 보듬고 머리도 쓰다듬으면
이게 내 자리구나! 하고 자리매김하는 의리를 지킨다

하나하나가 의리를 어깨동무한 뒤
잡아 주고 당겨 주고 조이면서 생을 꾸리는 돌덩이
골목길 휘돌아 동네를 여유 있게 감싼 모습에
하찮은 돌덩이라도 의리와 더불어 산다는 것을
돌담장을 보면 그대로 알 수 있다.

비슬산 상현달

오후의 농익은 태양 아니라면
발광 아니라도 희디흰 모습으로 또렷할 텐데
누가 갉아먹어 쪽박 배 탄 상현달
비슬산 천왕봉 정수리 밀치다가
그만 힘에 벅차 희미하다

닷새 뒤 보름 대기시켜 놓고도
자신의 본디 그 몸뚱아리 떠올려 보듯
현풍석빙고 둥그스레한 등판 위
원호루遠湖樓* 내려다보며 중천에서 발길 재촉하는데

혹여 해질 무렵까지라도
둥근 몸통으로 부풀릴 먹이사슬 있을까 봐
남쪽 하늘로 높이로만 포물선 그리며 쉬잖아 오른다.

* 원호루(遠湖樓) : 1897년에 세운 현풍현 누정, 현풍면사무소 후원에 있었다. 1989년 면사무소 증축 때 해체됐다가 1996년 옛 영남루(嶺南樓) 자리인 익산 산마루에 복원됐다.

A4용지 미늘에 걸린 로또 줄

로또복권 판매점에
그다지 크지 않은 현수막과
A4용지에 써붙인 1등과 2등 당첨 횟수
시선 사로잡는 미끼로 꼬리친다

비록 1등보다 2등이 더 많다지만
다금바리나 곰발바닥 요리보다 오히려 더
구미가 당겼나 보다

코끝 실룩거리던 행인들
맛깔스런 횟수에 민감하게 빨려
A4용지를 덥석 문다

미늘에 걸린 알 수 없는 요행에
유혹은 달달할까
기나긴 줄 줄줄이 잇고 있다.

과메기[貫目魚]

나무꼬챙이에 눈알 꽂히고도 생환을 꿈꿀까
등 푸른 명성을 내걸고
등 푸른 바다를 내다보는 청어

은빛 가슴팍에 지느러미 바짝 붙이고
살창에 기대어
얼었다
녹았다
삭풍이 전하는 파도소리 들으며
염장하지 않은 자신을 기꺼이 다독인다

응달진 추녀 끝에 나란한 꽁치와도
격랑을 헤치면서 유랑하던 기억을 되살릴까
얼었다
녹았다
녹았다
얼었다
밤낮으로 부르는 꾸덕꾸덕한

냉훈법冷燻法 노랫가락 한 두름씩 엮어 듣는다.

성불산고성

주관육익*에 씨족은 나타나지 않아도
고문헌에 성불산이면 성불산고성일 뿐
88올림픽 서두르다 그만 실수했나 보다
호적에도 없는 산 이름에 붙인 대덕산성

해외 입양아도 부모를 되찾는 판인데
앞산 자락길 자박자박 걷는 향리에서
실체를 조곤조곤 밝힐 때도 됐지만
제주 올레마냥 걷기 좋아 그냥 지나칠까

능선 돌다 보면 무너진 성축 얼굴 치미는데
원적 내팽개친 성불산은 뭐라 한탄하겠나
산능선에 처박힌 와편 꺼이꺼이 울어도
그르친 본명에도 수십 년 어이 그대론가

* 주관육익 : 고려 시대의 관제·예제·지리·재정 등 각종 제도의 연혁을 집대성한 유서. 고려 말 김지(金祉)가 주(周)의 관제(官制)에 따라서 편찬한 것으로, 표제 첫머리를 주관(周官)으로 했다. 성불산고성을 두고 1988년 여느 고문헌에도 없는 대덕산 산 이름을 붙여 기념물로 지정한 명칭이 대덕산성이다. 성불산고성 또는 성불산 산성으로 바로잡아야 한다.

5부

영가永嘉*

*안동의 옛 지명, 영(永)은 이수(二水)의 합자이며, 가(嘉)는 아름답다는 뜻으로 영가(永嘉)는 낙동강 본류와 반변천이 합류하는 지점에 자리잡은 안동의 지세를 표현함.

어머니의 둥근 세상

자식에게 세상이 둥글다는 것을
곧바로 체험하게 하시는 어머니들은
궁전 나선 태초의 울음에
작게는 단단하고 감감한 유두로
둥근 세상을 부드럽게 맛보도록 하신다

어렵고 힘든 일 모두 참고 견디라는 듯
초유의 단맛을 주신다
그 단맛은 뾰얗고 둥글다
여린 손으로 번갈아 느끼도록
크게는 모성애로 내려놓으시는
어머니의 둥근 세상

모유를 먹이 보지 않은 사람은
풍만한 어머니의 여유를 모를 것이다
그리고 지구도 세상도 둥글다는 것을

• 대구일보 〈좋은 아침 좋은 詩〉란(2005년 4월 19일)에 실림

예식장에서

벌써, 친구 자제가
우리가 보낸 시대를 밟고 있다

하객 중,
가모 쓴 수창이는 서울 가서 유학하고도
어떤 고달픔이 채워졌나?

영어를 몰랐던 어린 시절
'니그로우'라고 불렀던 수학 선생 덕선이는
지금도 검은 건 마찬가지다

강바람이 사구砂丘를 자주 옮기던
금빛 모래펄은
지금도 불꼬리 같은 아지랑이 지핀다

목청 좋은 순동이 어머님
저녁연기 굴뚝 헤어날 때
제방 길 따라와

전쟁놀이 마감시킨 낙동강이 더 넓다

낙동강과 반변천이
힘 겨루던 은어 떼 텃밭에
잊혀져 가는 세월이 강물로 흐르고 있다.

동무들 얼굴에는
동네 골목이 여유롭게 뛰어다닌다.

아버지의 오르막길

신라나 고려 시대 창건 사찰이거나
국사國師가 머문 명찰이라 한들
그 절터가 밥 먹여 주는 것도 아닌데
찾고야 말겠다며 산중으로 길 나서기 일쑤인 오늘도
언제나 그랬듯이 산간 길은 늘 힘들고 벅차다

힘든 걸음걸음 무거워지면서
자꾸자꾸 뒤로 물러서자면서 보채는 뒤꿈치
가파르고 험난한 길에 세월의 더께 덕지덕지 겹치고
옛길 잃고 헤매이기 한두 차례 아니라서
고생은 사서 하기 마련인데

오늘도 조릿대며 앙칼진 암 벼랑은
그 옛날 절터 길에 목탁 소리와 주악비천상 사라진
힘든 발길 지치게 하고 숨어 버린 오솔길에
이마와 등줄기에 땀만 뒤범벅이고 보니
오후의 힘든 오르막길에 아버지를 생각한다

절터를 찾는 산간 오르막길보다
가족을 위한 험난한 오르막길 평생 걸었을 아버지
아버지를 생각하면 이쯤은 고통스러울 것도 아닌데
자주 발길 주춤하고 어쩔 줄 몰라
면목 없어 난처할 때면 아버지를 묵상한다

무슨 일이든 시작이면 포기하지 말라면서
환희의 기쁨이 기다리는 오르막은 늘 벅차다면서
밥상머리 가르침이 그러하던 때마침
공교롭게도 구름 그늘 몇 점 끌고 온 바람
등줄기에 땀방울 낚아채어 인내의 길을 터 준다.

손자, 먼 훗날을 미리 말하다

어린아이
바깥나들이 길에
업어 달랬다

힘이 없어 못 간다는데는
하는 수 없었다

“네 어른 되면
날 업어 줘야지?”
되물었다

자신 어른이면
난
하늘나라 가버렸다나

아하!
내 미처 몰랐던
먼 훗날을

그네를 타면

아이들이 웃으면서 그네를 탄다
혼자 타다가도 이내 쌍으로 탄다

그네를 타는 재미는
세상사를 내려보기도 하고 올려보기도 한다

혼자 타는 것은 공중에 높이 올라
멀고 가까운 세상을 보는 것이며

쌍으로 타는 것은
상대방의 뒤를 내려보는 것

세상사를 살면서 누구라도
감히 보지 못한 부분도 있었으리라

멀고 가깝고 앞뒤 할 것 없이
재미 곁들여 탔던 그런 그네 다시 타고 싶어라.

바지랑대

다리면 다리 몸통이면 몸통
키 높이와 근육은 달라도
물거품에 수장水葬시켜 형편없이 일그러진 저 몸매
본래 모습으로 되살아날까

독특한 디자인과 화려한 색상들의
좋아하는 마음 하나만은
화창한 하늘이어라

드높은 하늘 아래
똑같이 한마음으로 일광욕 즐기다가
일제히 발레리나 춤사위는 시작되고

날아갈 듯 가벼운 마음 지니면서
꼬옥 붙잡고 서 있는 데도
일렬횡대로 뛰쳐나가려고
바지랑대 허벅지 뒤흔들며 안간힘 쏟는다.

‘누군가의 가족입니다’

맞는 말이다
지금 세상 누구든 고향이 따로 없고
전국이 고향이다시피 정처는 자주 바뀌고
이 세월에 일가친척 얼굴은 대체로 낯설다

처음 보는 맹탕끼리도
고향과 여러 인물 들추다 보면
모두 지인이고 척간이고
사돈에 팔촌까지 거미줄처럼 이어졌으니
아! 이 세상은 누구에게나
함부로 말하면 안 되겠다는 생각이 맞다

그렇다 묻지 마 해코지나
무차별 폭언이 무리이다 싶어
공공시설에 써붙인 글귀
깊이 새겨야 할 명언이리라

습작

다섯 살배기가
한자를 익히다가
오히려 나를 가르친다

몸 기 '己'를 읽다가
활 궁 '弓'과 비슷하다며
알고 있는지 묻는다

다음 쪽, 안 내 '內'를 읽다가
고기 육 '肉'과 비슷하다며
알고 있는지 또 묻는다

뒷줄에서 힘 력 '力'을 읽는다
꼭지가 없으면 칼 도 '刀'란다

기특하다며 고개 끄덕이자
'말로 하라'며 또 가르친다
손자는

별밤에

열대야 이기자며
십 년도 더 넘긴 텐트를 쳤다

새벽쯤에 별이나 딸까 싶어
망사 바람 맞으며 눈을 붙였는데

텐트를 범종 삼았을까
별이 매달리기도 전에

초저녁을 일깨우는 빗방울
후다닥

존재

내
섰던 곳

내
갈 곳 향해
이미 떠난 곳

내
되돌아보며
또 가는 곳

내
서 있는 지금의 출발점까지 모두

내
일생 무거운 시간을
운반하는 수레바퀴
그 중심축인 것을

부부 나이테

우리 결혼해
우리 엄마 아빠 됐어
우리 아이들 출가시켰어
우리 할머니 할아버지 됐어
우리 100세 바라보는 중이야

코로나 바이러스 겁먹은 손녀

아들내미는 주말부부, 코로나 확진자 자꾸 늘어나자
대구 시선이 곱지 않아 할 수 없이
서울에 방을 따로 얻어 격리 신세 됐다
코로나는 본시 태양 외곽에 둥근 빛줄기 두른 모습을
60년대 우리네 자동차 이름 명명할 때
존귀한 모습 인용해 선보였던 코로나 택시 또렷하다
얼토당토않은 바이러스 이름에 남의 명칭 훔치고
본시 이름 망쳐 숫자까지 덧붙인 코로나가 왠말인가
붉은 종양 덕지덕지 붙은 도깨비방망이 모습에
매일같이 방송만 타는 대구 확진자
어린 손녀는 급격히 불어나는 숫자에
아빠 없는 한 주 한 주에 그만 견디기 버거웠나 보다
"엄마! 무서워 빨리 할아지* 할머니 집으로 가자"
이말 듣고 귀여운 우리 손녀 데리고 오라 했지만
집에만 있으면 괜찮다고 안심시키는 며느리
이튿날, 전화 받지 않아 마음 졸이던 한참 뒤
"아버님, 동사무소에 마스크 줄이 너무 길어
겨우 받아 왔어예, 휴대폰을 그만 깜박했네예"

"그랬구나, 집에 안 오면 아무데도 가지 마라"
무섭다는 그 말 지금도 코끝 찡해 눈물겹고
머리가 텅 비는 것 같아도 하는 말이라곤 그저
"어데 나가지 말고 집에만 있어라
엄마 말 잘 듣고 알겠제, 우리 서로 꼼짝 말고
'집콕'하자"는 처방만 내리고 다독이곤 했는데
온라인 개학하던 날
"할아지! 우린 집에만 있어서 괜찮아요
학교는 온라인으로 개학해 인터넷 공부하고요
할아지 할머니도 건강하세요, 사랑해요"
열 살배기 사랑의 메시지는 그렇게 닿았고
지금도 사랑해요~ 요~ 요~ 여운 끊이지 않는데
손녀가 가르마 머리에 꽂고 다니던
하트 모양에 나비 그려진 분홍색 머리핀
지금은 나비 되어 내 머릿속을 훨훨 나른다.

* 할아지는 손녀가 말을 배울 때 할아버지라는 말이 길어서 어려웠던지 자신만이 줄여서 부르던 호칭

팽이의 한 수

두 팔 비비꼬고 콧등 거머쥔 채
몇 바퀴만 돌아 봐라
비틀거리다가 그만 풀썩 주저앉는다

반면 죽어라 두들겨 패는 데도 죽기는커녕
오히려 똑바로 서서 빙빙 돌고
윙윙거리는 노래까지 곁들이는 팽이

매맞는데 이골이 나서 맞아 죽어도 싸지만
안타까워 봐주면 오히려 비틀거리고
그냥 놔두면 결국은 콕 처박히고 마는데

누구든 안타까운 마음에 손대지 않고 봐주면
하는 일이 결코 순조롭지 않아
죽지 않을 만큼 물리적인 힘을 가하는 것도
정신을 바짝 차리게 하는 기회가 된다는 것을
팽이는 보란 듯 두들겨 맞아 가며 빙빙 돈다.

이름 잊혀지는 아내

시인 황동규 님은
고3 때 '즐거운 편지'에서
사랑하는 님에게는 그대라고 썼다
나도 결혼 전엔 그대라고 적은 편지를 자주 썼지만
드라마나 시네마에서 자기라는 봇물이 터지면서
사랑의 별칭도 유행을 따르는지
보편적인 시대 호칭은 여보 당신으로 불린다

지금까지 부끄러워 써먹어 보지도 못한 주제에
이름 잊혀지는 아내에게
오히려 자식 이름 갖다붙여 부르면서
누구는 임자라고도 불러 봤다지만
그건 좀 아닌 것 같고
이젠 여보 당신이란 호칭을 붙여야 했지만
이것조차 입술 가에 방설여 쉽지만 않은 일

어쩌다 큰맘 먹고 사랑스런 별칭을 내세웠다
자기도 좋고 여보 당신도 좋지만
어차피 이름 잊혀지긴 마찬가지였다.

손주에게 쓰는 짧은 편지

1

네 빛날 혁赫 민첩할 민敏 작명은 한시 작가 증조부
첫돌 때 베레모에 정장은 영락없는 어른이더라
다섯 살 때 교통표지판 한자 읽어 택시기사 뿅갔지

네 아빠도 여러모로 남자답고 늠름하지만
넌 할머니가 보듬어서 멋지기 그지없고
사내답게 자라 줘서 무엇보다 고마워라

룸비니유치원*이 엊그젠데 벌써 초등 6년이라
네 글 솜씨 뽑혀 동네방네 자랑하고 싶더라
세계인에 우뚝할 날 기다리마, 할아버지는

2

네 맑을 아雅 어질 인仁 작명은 네 오빠와 같잖아도
돌잔치 때 넉살스런 아빠 따라 춤을 추었고
해맑은 웃음 아직까지 남아돌아 즐거워라

네 엄마도 여러모로 아름답고 예쁘지만
넌 외할머니가 보듬어서 예쁘기 그지없고
여성스럽게 자라 줘서 무엇보다 고마워라

삼덕유치원*이 엊그젠데 벌써 초등 5년이라
네 영재반 뽑혀 동네방네 자랑하고 싶더라
세계인에 우뚝할 날 기다리마, 할아지는

* 대구광역시 남구 대명동 소재 대한불교 조계종 은적사부설유치원
* 대구광역시 수성구 범물동 소재 범물성당부설 삼덕유치원

때론 아이도 선생님이다

예사로 생각했는데
아이 눈에는 벗어났다

정지선을 조금만 넘어도
황단보도를 살짝 디뎌도
아이는 질책했다

무척 겸연쩍고 난감하며
얼굴이 화끈해
곧바로 자성의 기회를 가졌다

작은 부분
기본을 지키게 가르친 아이는
선생님이나 다름없었다.

해설

학구적인 사유와 일깨움의 시학

이태수 시인

학구적인 사유와 일깨움의 시학

이 태 수 〈시인〉

ⅰ) 권영시 시인의 시는 순탄한 구문과 낯설지 않은 서사敍事들로 친근감을 자아내며, 학구적인 사유思惟의 결들을 거느린다. 서정시抒情詩의 외양에 지식(교양체험)이나 관념을 서사적으로 다져넣어 서정적 자아自我가 세계를 자아화하기보다는 대상이나 그 세계에 무게중심을 두는 보편성을 지향한다. 하지만 때로는 고정관념에 대한 특유의 성찰省察이나 그 본질 되씹어 보기, 인간관계 깊이 들여다보기를 통해 시시적 메시지들을 주관화하고 감정을 이입移入하거나 투사投射하는 방향으로 나아간다.

생명력의 절정絶頂이라 할 수 있는 꽃들을 비롯해 나무와 숲에 각별하게 관심을 기울이며, 자연이나 우수를 거시적으로 바라보거나 세상을 걱정스럽게 바라보고 우려하는 시선도 다양하게 번지고 스미지만, 궁극적으로는 인간 문제로 귀결歸結되는 일깨움에 초점이 맞춰진다.

시인이 고문헌古文獻을 탐독하고 역사의 숨결이 스며든 유적지들을 즐겨 찾아 나서듯이, 그의 일련의 시편들에는 그 깃들기의 모습과 궤적軌跡들이 다채롭게 각인되며, 그 이면裏面에는 전통적인 가치관이나 뿌리의식과 역사의식이 은은하게 관류貫流한다. 가족을 비롯한 가까운 사람들과의 일상사日常事들을 진술하고 온화하게 떠올리는 경우도 너그러운 사랑과 '둥긂'의 미덕을 받들고 있어 마음을 붙들기도 한다.

ii) 시인은 숫자나 문자, 사물을 두고 본질적인 문제, 사회현상이나 더불어 살아가는 사람들 사이의 인간관계와 연계시키면서 그 의미를 자신의 시각으로 새롭게 부여하고 보듬는다. 일반화된 고정관념에 대한 성찰이나 본질 되짚어 보기, 사람과 사람 사이의 관계를 깊이 들여다보려는 이 같은 시도들은 시인의 예사롭지 않은 통찰洞察과 일깨움을 떠올려 준다는 점에서도 눈길을 끈다.

0을 두고
다른 어느 숫자 곁에 있어야만 숫자라는 것은
오류

코로나 바이러스19 확진자 0이던 날
제대로 알아봤다, 대구가 증명했다는 걸

1위로는 원래 그 어떤 숫자도 곁에 두지 않는데
0이 거꾸로 1머리 위를 차지했으니
오류를 말하던 0이
오히려 더 위대한 숫자다.

—「0[無]의 위대함」 부분

이 시는 '0'을 '없음[無]'으로 들여다보면서 그 '없음'이 '하나'나 그 이상의 숫자보다 위대하다고 역설하고 있는 경우다. 코로나 바이러스의 창궐 때문에 팬데믹을 면치 못하는 요즘 우리 사회는 그 감염 확진자들로 여전히 환란患亂에 빠져 있다. 이 점에 착안해 시인은 국내에서는 맨 처음으로 코로나 바이러스 감염자가 집중적으로 발생하던 대구에서 어느 날 확진자가 한 사람도 없이 '0[無]'이던 날의 그 '0'의 '위대함'을 대구가 증명했다는 논리를 펴면서 '0'에 대한 오류誤謬를 지적하고 있다.

'0'이 "다른 어느 숫자 곁에 있어야만 숫자라는 것은 / 오류"이며, 코로나 바이러스 감염자가 전혀 없다는 '0'이 '1'보다 아래 개념이 아니라 "0이 거꾸로 1머리 위를 차지"한다는 방증傍證을 했으므로 1보다도 더 위대한 숫자라는 논리다. 어쩌면 '0=무한대'라는 논리도 가능하겠지만, 시인은 이같이 요즘 사회현상에 빗대어 '0'의 의미를 다른 각도에서 일깨운다.

그런가 하면, 「돛과 닻 다시 생각하기」는 배(선박)의 '돛'과 '닻'의 역할을 되짚으며 이 문자들의 자음인 'ㄷ'과 'ㅊ', 모음인 'ㅗ'와 'ㅏ'의 관계를 "ㄷ과 ㅊ을 벌려 놓고 보면 / ㅗ는 중간에 앉아 있고 ㅏ는 옆에 서서 버틴다"는 사실을 환기喚起하면서

앉고 섰음이 재료나 기능도 서로 달라
ㅗ가 들면 물위를 누빌 원단이 원천이고
ㅏ가 들면 물밑에 꽂힐 쇠붙이가 원천이다

애초에 앉은 ㅗ와 섰던 ㅏ가 따로 자리하면서
가는[去] 항행과 멈춘[止] 정박으로 달리 쓰지만
앉은 ㅗ는 정박을, 선 ㅏ는 항행이면 어떨까

—「돛과 닻 다시 생각하기」 부분

라고, '돛'과 '닻'의 역할을 뒤집어 '닻'이 배를 항해航海하게 하고 '돛'이 정박碇泊하게 하는 것으로 바꾸는 게 어떨까 하는 견해를 피력하고 있다. 자음 'ㄷ'과 'ㅊ' 사이에 개입되는 모음 'ㅗ'와 'ㅏ'의 앉고 선 형상에 따라 배를 정박하고 항해하게 하는 것으로 뒤집자는 생각은 궤변詭辯으로 볼 수도 있겠지만, 이 주장은 충분히 일리가 있어 보인다. 이는 사전적 의

미에 대한 역발상이라 할 수 있다. 기존 관념에 따르기만 하기보다는 회의하고 새로운 의미를 추구하고 부여하는 것이 시인의 몫이기도 하기 때문이기도 하다.

펑펑펑
雨雨雨
氷氷氷
지구온난화 속도다

꽁꽁꽁
冬冬冬
雪雪雪
제트기류가 느려서다

어~~어
미끄덩
꽈~~앙!
내 집 앞을 그냥 놔둬서다.

—「지난 겨울엔」 전문

「돛과 닻 다시 생각하기」와는 달리 한자의 뜻과 발음을 한글 발음과 연결시키면서 한자의 뜻과 발음의 효과를 함께 구사하는 이 시는 겨울 풍경을 희화화戲畫化하면서 지구온난화 속의 기후와 그 대처를 소홀히 하는 사람들을 풍자諷刺한다. 한글의 발음과 한자 '雨우', '氷빙', '冬동', '雪설'자의 뜻과 그 발음을 반복하는 데서 빚어지는 '우우우', '빙빙빙', '동동동', '설설설'과 같은 동작의 뉘앙스(의태어)를 살리고 있어 재미있다. 하지만 이 시는 '지난겨울'이라는 단서를 달고 있어 지구온난화에 대비하자는 암시를 하고 있는 것으로도 읽힌다.

한편 「생각의 공」에서는 공을 치거나 차는 문제에 대해 인간적 차원의 '가해加害' 문제로 바라보며 "야구공은 작지만 / 깨어지도록 얻어맞아야 멀리 간다 / 축구공은 더 크지만 / 터지도록 걷어차야 멀리 간다"는 사실을 일깨우면서, 상대적으로 야구공과 축구공은 아파서 '죽을 맛'일 것이라는 데 마음을 포개어 놓는다.

매맞은 야구공이 너무 아파
홈런으로 가던 길에 쪼개지면 어쩌나
차인 공이 죽겠다 싶어
골인 앞둔 코앞 문전에서 펑크나면 어쩌나

제아무리 마음 둥글다 해도
일방적인 가해라면 그 뒷일 감히
누구도 감당하지 못하리라

—「생각의 공」 부분

홈런 때의 야구공이 쪼개지거나 골문 앞에서 축구공이 펑크날까를 우려하는 시인의 마음은 인간으로 눈을 돌려 일방직인 가해는 뒷일을 "세아무리 마음 능글다 해도" 감당할 수 없다는 사실을 에둘러 환기하는 것으로 보인다.

iii) 시인이 세상을 걱정스럽게 바라보고 우려하는 시각은 다양하고 다채롭게 퍼지고 번지며, 궁극적으로는 인간 문제로 귀결되는 일깨움과 이어지게 마련이다. '홍수' 재난에 대해 "산비알 / 짓뭉개고 / 푸른 농심 넘보다가 // 온갖 것 핥아먹고 / 세차게 뒹구는 / 저 황톳물 근육"이라고, 그 폭력적인 힘에 대해서 언급하다가 인간 문제로 시선을 돌려

> 식성 좋은 궤변에도
> 저 하늘만 알고 있단다
>
> 자연을 탐욕하는 자들아
> 끝내는
> 바다의 먹이가 되는 것을
> 아는가 모르는가
>
> ―「홍수」 부분

라고 '홍수'와 '그와 같은 사람들'을 싸잡아 질타하면서 경각심을 일깨운다. '탐욕'과 '식성 좋은 궤변'의 함수관계가 어떤

것인지는 말할 나위도 없겠지만, 시인은 그 함수관계를 오늘의 세태에 비추어 발언하고 있다는 느낌을 안겨 준다.

시 「초여름」도 무덥고 변덕이 심한 날씨에 빗대어 요즘 세태를 시사示唆하는 경우로 보인다. 맑던 저녁 하늘에 갑자기 먹구름이 엄습하자 청개구리가 동요하고, 그 주범인 "요사스런 구름" 즉 "그 선동자 주위로는 온통 중구난방衆口難防에 / 소리 소음만 무성"하다는 메시지가 그렇게 읽히게 한다. 그런 상황에서는 "상현 가던 허공에 손톱만큼의 쪽배 띄"워도 위태롭지 않을 수 있겠는가. 마구 떠들기만 하는 청개구리들이 "무덤에 가기도 전에 / 쪽배는 풍랑에 침몰"할 수밖에 없을 거라는 메시지도 의미심장한 경고가 아닐 수 없다.

세상 돌아가는 모습을 청개구리 소음뿐 아니라 이 디지털 시대의 모바일이나 컴퓨터가 야기하는 소음과 스팸 메일 때문에도 중구난방의 혼돈과 혼란에서 자유로울 수 없게 한다. 시인은 그런 혼돈과 혼란에 얽매여 살면서 그 벗어나기의 방법으로 산속(숲속)에 깃들어 그 "디지털 종양을 도려"내고 싶어한다.

맑은 공기와 햇볕이 집도하고
환부는 짙푸른 솔 내음이 봉합하며
시술 흉터는 개울물의 서곡에
아름다운 새소리가 말끔하게 지워 주는 숲속

아! 이게 바로 아날로그 내팽개친 자유와 안락
그 이상의 행복은 어디에 있단 말인가
You Only Live Once
혼자라도 잘했다
Log off가 필요하다.

—「Log off」 부분

산의 숲속에는 '맑은 공기와 햇볕', '짙푸른 솔 내음', '개울물 소리', '아름다운 새소리' 등으로 디지털 시대의 세속과는 극명하게 대비되는 아날로그 시대의 '자유와 안락'의 자연이 자리잡고 있다. 그래서 시인은 컴퓨터 단말기와 모바일을 끄려 하며, 혼자라도 잘했다거나 현재의 삶에서 최대한의 즐거움YOLO과 최상의 행복을 누리려는 꿈을 꾸게 되기도 했을 것이다. 이 문맥에는 언제나 순리順理가 변함없이 질서정연하고 세속과는 극명하게 대비되는 자연으로의 회귀回歸를 그리워하는 심경이 담겨 있는 것으로 볼 수 있다. 그러나 세상은 그렇게 녹록한 곳과는 거리가 멀게 마련이다.

입춘 지나고도 자꾸만 곤두박질치는 날씨
그 바람에 농부가 벗기지 않은 하얀 비닐은
컬링 경기장처럼 햇살에 반질거린다
정월대보름 앞두고 하얀 눈 도톰하게 덮이자
벗기지 않길 잘했네! 하다가 오후는 달랐다

반질거리던 하얀 비닐은 영락없는 컬링 경기장
절후의 작전 타임으로 비닐 속 영하의 선수들이
영상을 향해 “영미! 영미~ 가야 돼! 가야 돼~”
어쩐지 국민 영미 부르는 아우성 같아
반질거리던 지붕 말아 올렸을 테지만
녹아내리면서 다시 속도 조절하나 보다
스톤의 밀대처럼 길어질 마늘 순 보이면서
푸른 밀대 재바르게 밀어올리자
“영미! 영미~ 됐다! 됐어~” 둥근 해머의 이 말에
육쪽마늘은 스톤하우스 중앙 버튼처럼
둥근 생각에 튼실하고 야무진 근력도 있었지만
모진 한파와 무거운 강설을 이겨 낸 이즘
금메달 놓친 평창 올림픽의 아쉬운 기억으로 자란다.

—「마늘밭의 강설降雪」 전문

비닐을 벗기지 않은 이른봄의 의성 마늘밭과 평창올림픽의 컬링 경기장을 포개어 시인의 안타까운 감정을 이입(또는 투사)해 때늦은 한파와 강설, 아쉽게 은메달에 그친 의성의 컬링선수팀을 소환해 바라본다. 이 시는 입춘 지나고 정월대보름이 가까워도 이상異常기후와 강설 때문에 비닐을 벗기지 않은 비닐 속 마늘 순들의 아우성과 헤머가 밀대로 속도 조절을 하는 선수 ‘영미’를 채근하는 소리를 오버랩하면서 마늘밭의 강설을 실감나게 떠올려 보이는 발상이 재미있다. 서

술체 문장으로 늘어뜨린 서사가 시적 긴장을 다소 이완弛緩시키고 있음에도 불구하고 '국민적 공감대'를 끌어냈던 평창올림픽 컬링선수들을 끌어들인 발상과 인유引喩의 묘미가 돋보이지 않을 수 없다.

시인의 세상에 대한 안타까움과 연민은 하찮은 동물이나 식물에도 어김없이 투사된다. 「호랑나비 넌」에서 가을인데도 방충망에 걸려 창틀에 걸터앉은 호랑나비를 보며 "계절의 징검다리 건널 줄 모르"고 "불빛 경사로에서 방황하는 바보"라고 안타까워하며, 나아가 호랑이 무늬가 부끄럽지 않느냐고 그 마음을 비약시키는 까닭도, 태풍과 홍수 재난에 고층아파트 창틀에 앉아 있는 개구리를 향해

> 강퍅한 마음은 아직도 그대론지
> 불효를 저지르고도 어떻게든 살아 보자는 건지
> 묘연하고도 처연한 저 청개구리의 행보
>
> YOLO를 꿈꾸는 가냘픈 몸부림일까
> 울음 멈추고 공기압 조절하느라
> 연초록 목덜미 쉼 없이 벌렁거린다.
>
> ―「불효자의 강퍅剛愎한 YOLO」 부분

고 바라보는 까닭도, 그 하찮은 대상들을 인간의 반열班列로 끌어당겨 연민을 보내는 경우에 다름 아니라 할 수 있다. 이

시에 등장하는 'YOLO'는 그런 시인의 심중을 그대로 반영해 드러내 보인다. 이 조어造語는 「Log off」라는 시에 등장하는 'You Only Live Once'의 두문자어로 '인생은 한 번뿐', '뒷일은 생각하지 마라', '죽기밖에 더하겠어'나 '현재의 삶에서 최대한 즐거움을 누리겠다'는 뜻으로 쓰인다. 불효不孝를 저지른 청개구리의 묘연하고도 처연한 행보를 불효자의 강퍅한 YOLO로 바라보는 시각이 역시 이 시인답다는 생각도 들게 한다.

소망일小望日 지나면 추녀끝 타고 내려
문구멍 비집을 둥근달은 솟아오를지
자식들 고향 길은 뚫릴지 모르겠지만

아직도 고단한 흔적 키 높이로 비견한다면
이리저리 휘젓는 헝클어진 흰빛 날갯짓
높디높게 쌓여 간다면

하얀 어둠에 바동거리는
내 정수리만 진노랗게 짓눌릴 뿐인데

—「복수초」 부분

설날 자식들 귀성歸省길의 교통 대란과 정월 열나흗날(소망일)이 지나면 둥근 대보름달이 솟아오를까를 우려하는(기대하는) 심경과 겨울이 가기 전에 '얼음을 뚫고 나와 봄을 부른다'는 복수초(눈새기꽃)의 모습을 내면으로 끌어들여 노래하는 시다. 시인은 그 안타까운 심경을 "아직도 고단한 흔적 키 높이"와 "헝클어진 흰빛 날갯짓"에 비유하면서 복수초와 같이 "정수리만 진노랗게 짓눌"리며 "하얀 어둠"에 바둥거리는 것으로 묘사한다. 이 시는 찾아올 자식들과 대보름달에 대한 소망과 그 애틋한 심경을 눈새기꽃의 노란 꽃으로 떠올리는 상징의 묘미를 끌여들여 보여 주지만, 세상살이의 녹록하지 않은 한 단면도斷面圖로도 읽힌다.

ⅳ) 시인은 생명력의 절정이라 할 수 있는 개화開花에 각별한 관심을 보인다. 나무와 숲을 바라보는 시인의 마음눈도 거의 한가지며, 거시적으로는 자연이나 우주를 향해서도 별반 다르지는 않다. 이 같은 관심과 마음눈은 대상을 객관화하기보다는 '세계를 자아화'하는 서정적 자아가 서사적 메시지들을 끌어들여 주관화하고 감정을 이입해 보여 주는 양상으로 번지고 스민다.

대구 신천대로를 승용차로 달리면서 연도에 활짝 피어나는 개나리꽃들을 멈추지 않고(무정차로) 봄볕으로 달린다거나 그 "길섶에 혼 팔리다 / 신천대로가 / 거꾸로 달린다."는 「달리는 봄」, 벚꽃을 "달빛 뽀얗게 머금은 화안대소花顔大笑"

나 "화경花莖에 주렁주렁한 연분홍빛"으로 그린 「벚꽃」, 봄 산천의 철쭉꽃들을 "커다란 바윗덩이 부둥켜안은 / 철쭉 화안대소花顔大笑"로 표현한 「흘낏 꽃구경」 등은 꽃들을 매개로 봄 풍경을 역동적으로 그리면서 시인의 감정을 이입하거나 투사해 특유의 시각으로 변용變容한다.

때로는 봄에 피는 꽃들과는 사뭇 대조적으로 여름철이나 가을에 피는 꽃들을 바라보는 시각은 능청스러운 바람기가 있다(「벼랑쟁이 능소화」)거나 음흉한 관능의 소산(「밤나무꽃」)으로 수상하게 여기고 있을 뿐 아니라 '때가 아닌 때'에 피어나는 것으로 보는 면도 없지 않다.

> 천둥 번개 비바람에 몰매 맞고도
> 능청스럽게 꽃피우는 저 능소화더러
> 넝쿨쟁이라 말해도 좋다는 생각이 드는데
>
> 전국 어디든 길섶에서 매연에 찌들어도
> 불평 하나 없이 저 발그레한 얼굴
> 초여름에 쟁이 풍경 자랑 염두에 두고
> 줄줄이 꽃피우는 생각의 능소화더러
> 벼랑쟁이라 말하고 싶어라
>
> —「벼랑쟁이 능소화」 부분

여름에 피는 능소화를 그 생리나 꽃말 등과 상관없이 시인의 시각으로만 그린 이 시는 능소화는 천둥, 번개, 비바람에 몰매를 맞아도 불평하지 않고 능청스럽게 피는가 하면, '선정직煽情的'이라 할 수 있는 '발그레한 얼굴'로 그 '쟁이 풍경 자랑'하는 '넝쿨쟁이'와 '벼랑쟁이'로 그려 보인다. 「밤나무꽃」에서는 유월에 피는 밤꽃을 아낙네 꽃바람 날 때의 욕정慾情을 빗대듯 "배꼽 앞에 늙수그레하게 늘어진 코끼리 고것처럼" 밤나무가 "음흉한 사내 내음 / 방사형으로 사정"한다고 감정이입을 한다.('고것'은 '성기性器'를 지칭)

가을철의 꽃무릇을 보면서도 시인은 "가을 마르기 전에 / 붉게 화장하고 / 사랑의 횃불로 전국 휘휘 돌며 // 뜨거운 사랑"을 각인하고 싶다는 「꽃무릇[石蒜]」도 같은 맥락으로 읽히게 하며, 「금낭화 꽃대궁과 피타고라스 정리」에서는 경기도 용문산 벼랑의 금낭화 꽃대궁이 "미늘에 대어가 낚인 낚싯대처럼 휘어졌다"면서 그 모습에 '피타고라스 정리'를 대입해 보기도 한다.

> 꽃피운 꽃머리는 어김없이 붉은 하트 모양인데
> 사랑의 아이콘 하나씩 1cm 간격으로 촘촘하다
> 이런 데서 하트가 몇인지 꽃대궁 길이를 알아본다
>
> 〈중략〉
>
> 꽃대궁은 안쪽에는 종족을 위한 씨앗 여물어 가고

초리 쪽은 사랑의 아이콘을 표방해 양면성도 지닌다
춘풍에 팽팽하고 늦봄에도 아슬아슬하게 휘어져
꽃대궁 길이나 직각에 대항하는 빗변의 길이나
수치상 어려워 벼랑 기웃거려 하트를 세어야 했다.

—「금낭화 꽃대궁과 피타고라스 정리」 부분

1cm 간격으로 촘촘한 붉은 하트 형상의 금낭화 꽃머리들과 꽃대궁의 함수관계를 '밑변의 제곱 더하기 높이의 제곱은 빗변의 제곱과 같다'는 피타고라스 정리로 풀어 보려 한다. 그러나 "춘풍에 팽팽하고 늦봄에도 아슬아슬하게 휘어져" 가늠하기 어려워 벼랑을 기웃거리게 하며, 꽃대궁과 초리가 사랑의 이이콘과 종족 보존의 양면성을 들여다보게도 된다.

현학적衒學的이라 할 수 있을 만큼 사물에 대해 탐구하며 감정이입을 하거나 역사의식을 투영하는 그의 시에는 나무나 숲에도 예외가 없다. 울릉도 도동항 산마루의 "오천 년 향나무"를 "뼈대에 뼈대를 / 내걸고 / 풍광으로 살아가는 / 정좌正坐"나 "뼈대에 뼈대를 / 내걸고 / 지질공원 붙든 / 난좌難坐"(「울릉도 석향石香」)로 상반된 느낌으로 바리본다. 가로수와 숲을 "한쪽 다리로 / 생각의 턱을 괴고 있다"(「생각의 나무」)며, 그 위태로워 보이는 모습에 로댕의 '생각하는 사람'을 적용하고, 팔을 다리로 서로 바꿔 나무나 숲이 한쪽 다리로 생각의 턱을 괴고 있는 것으로 바라보기도 한다.

시인의 이 같은 대상의 주관화는 새로 심은 가로수가 죽을 것 같아 지주목支柱木을 세우게 된 것을 몸통에 "죽은 놈 서넛 덧붙였더니"라고 표현하면서, 가로수가 "따라 죽지 / 않으려 / 더욱 짙푸르고 / 싱싱"(「생각의 나무-지주목」)하다거나 바위 위의 분재 같은 노송老松을 바라보며 "오늘도 논객 앞에 / 침엽針葉으로 한 땀 한 땀 / 봄별 꿰차고 // 발 뿌리로 정釘을 박아 / 암반을 파고드는 느릿한 침투력"(「소나무와 논객」)으로 보고 "소나무만의 과감한 라이선스다."라고 안도安堵하기도 한다. 때로는 이 안도의 차원도 넘어서서

텅 빈 체내에 부를 축적하거나
살점 가득 채우지 않고 오히려 꼿꼿한 정신
욕심의 나이테 하나 없는
텅 빈 대궁만 곧게 빼 올린
강인한 마디
그런 뼈마디로 살았으면 좋으리라

—「대나무」 부분

라는 대목에서 읽게 되듯, 대나무의 생존生存 방식을 통해 삶의 교훈을 얻고 반추反芻하는가 하면, "높으면 높을수록 / 휘어질지언정 더 꼿꼿하고 / 심하게 기운 산비알 / 수직으로 붙든 // 이런 숲의 / 인고와 / 여유"(「숲의 인고와 여유」)에

대해서도 마음에 새긴다.

산과 계곡(벼랑)에도 마음의 음영陰影들을 실어 바라보는 것도 거의 마찬가지다. 「산마루에 서면」에서 멀리 보이는 산봉우리들을 봉긋 솟은 가슴으로, 「곡우穀雨」에서는 이 절후에 나무들이 다급한 어조로 "아! 목 탔다"라고 탄성을 지르는 것으로 듣거나 「금강산 구룡폭포九龍瀑布」에서 이 폭포를 "위태로운 절벽이 좋아 곤두박질치다가 / 산산이 부서져 처박힌 저 몸뚱이"로도 보고 있기 때문이다.

하지만 시인이 주체적인 역사의식으로 산을 바라보고 있다는 사실은 각별한 느낌으로 다가온다, 시인은 우리 것이 순수하게 우리 것으로 변질變質되지 않고 그대로 있고, 그렇게 불리기를 소망한다. 이 같은 인식의 바탕에는 우리 선조들의 지혜와 그 예지叡智들을 소중하게 생각하는 미덕이 자리매김하고 있기 때문일 것이다.

> 북한산이 삼각산이면 좋겠다
> 북악산이 백악이면 좋겠고
> 남산이 목멱산, 낙산이 타락산
> 인왕산이 무악이면 좋겠다
> 내사산이든 외사산이든 안산이든
> 산자락부터 산등까지 옛날의 그 산이면 좋겠다

<중략>

앞산이 성불산이면 좋겠다
연귀산이 봉산이면 좋겠고
비슬산이 포산, 팔공산이 공산
성산이 봉화산이면 좋겠다
관기안산이든 진산이든 외안산이든 내안산이든
산자락부터 산등까지 옛날의 그 산이면 좋겠다

—「본시 우리네 산 이름이면 좋겠다」 부분

v) 시인이 즐겨 고문헌을 들여다보고 가깝고 먼 유적지나 자연을 찾아 나서듯이 시에도 그 깃들기의 모습과 궤적들이 다양한 무늬와 빛깔로 떠오르며, 가족이나 가까운 사람들과의 일상사에서 마주치는 일들이나 생각과 느낌들은 온화하고 진솔하게 묘사한다. 특히 길을 나서서 깃드는 유적지나 그리움과 연계된 발길에는 전통적인 가치관, 뿌리의식과 역사의식이 은은하게 관류하고 있어 남다른 개성을 엿보게 한다.

수성못 봄 풍경을 시인은 "길가에 흐드러진 벚꽃 / 수상에 자수 놓을 즈음 / 버드나무 실가지 푸른 수직으로 / 곤두박질치고 // 나른한 오후의 섬에 / 고니 잠을 청해 / 물결이 고요하다"(「수성못의 봄」)며, 못 속의 작은 섬뿐 아니라 못 주변의 법이산도 구름과 해종일 놀아나다 저물녘에 황홀한(불빛 때문) 물빛에 진풍을 내린다고 예찬한다. 또한 늦은 눈이 내려도 진달래들이 겨울눈을 뜨고 있는 현풍 포산包山의 까치 절터(옛 보당암 절터)에서는 마치 타임머신을 타듯이 그 아득한 옛날을 거슬러 오르는 환상에 젖는다.

불경 소리 오래된 지금
병풍 두른 벼랑에
잊어 지낸 주악비천상奏樂飛天像 자꾸 어른거리고

부서진 기왓장과
도자기 조각 하나하나
수백 년 전의 기억들 속속들이 풀어낼 때
보당암의 심장이 내 심장에 들어와
펄쩍펄쩍 날뛰면서 옛이야기 터트린다.

—「까치절터에서」 부분

부서진 기왓장과 도자기 조각들도 추동推動하는 덧없음과 그리움의 환상은 빈 벼랑에 주악비천상을 그려 보게 하며, 수백 년 전 암자庵子의 전성기 때를 생생하게 이야기해 주는 것으로 듣게 해 준다. 그런가 하면, 비슬산에 떠 있는 낮달을 "천왕봉 정수리 밀치다가 / 그만 힘에 벅차 희미하다"면서 "혹여 해질 무렵까지라도 / 둥근 몸통으로 부풀릴 먹이사슬 있을까 봐 / 남쪽 하늘로 높이로만 포물선 그리며 쉬잖아 오른다."(「비슬산 상현달」)고 시인의 심상 풍경을 포개면서 바라본다. 군위 한밤마을 돌담장을 보면서는 또 다르게

> 하나하나가 의리를 어깨동무한 뒤
> 잡아 주고 당겨 주고 조이면서 생을 꾸리는 돌덩이
> 골목길 휘돌아 동네를 여유 있게 감싼 모습에
> 하찮은 돌덩이라도 의리와 더불어 산다는 것을
> 돌담장을 보면 그대로 알 수 있다.
>
> ―「의리의 돌덩이」 부분

고 서술한다. 그렇다면 왜 시인은 담장의 돌들을 서로 의리를 어깨동무하고 잡아 주고 당겨 주며 조인다고 보고, 그 돌담장이 동네를 여유 있게 감싼다고 여기고 있는 걸까. 그곳의 하찮은 돌덩어리들처럼도 사람과 사람 사이는 친화親和를 이루지 못하고 있어 그렇게 되기를 바라서일는지도 모른다. 그렇게 느끼게 되는 건 시인의 감정이 전이되거나 투사되고 있기 때문이다.

고문헌을 즐겨 들여다보는데 연유하기도 하는 시인의 교양체험(지식)은 뿌리의식이나 역사의식에 연계되면서 시에 빈번하게 반영되고 투영된다. 「파사석탑婆娑石塔 서울 나들이」는 하나의 유물遺物도 그 연원까지 깊이 들여다보며 그 원형이 보존되기를 바라는 시인의 관심과 애착을 보여 주는 예로

들 수 있다.

가락국 수로왕비 보주태후 허씨의 능은
소나무숲과 돌담의 호위를 받아 아늑하다
석탑은 아유타국에서 허황옥 공주가 싣고 온
파사석을 보주석 위에 여섯 층을 올린 돌탑인데
홍살 두른 탑각에 바다 건너 아유타국을 내려볼 때
붉은빛 나돌고 희미한 무늬 나타나지만
일제가 능 옆으로 산을 뚫고 신작로를 내서 그럴까
매연에 찌들어 보기에도 별로 좋지 않았는데
가야 본성 칼[劍]과 현絃 특별전* 서울 나들이에
온천욕이라도 했을까, 붉은빛 희미하게 나돈다

—「파사석탑婆娑石塔 서울 나들이」 부분

파사석탑이 있는 소재지와 그 주변 환경과 분위기, 탑이 건립된 연원과 경위, 이 돌탑의 형상과 얼마간의 훼손毁損(변질)까지 떠올리고 있는 이 시는 일제日帝가 낸 신작로 때문에 매연에 찌든 점을 안타까워했는데 서울 나들이 전시회에서는 원형이 거의 그대로 보이는 것 같아 "온천욕이라도 했을까"라는 안도감을 드러낸다.

이 같은 관심과 역사의식은 「성불산고성」에도 안타까움을 동반하면서 피력되고 있다. '대덕산성'으로 기념물이 지정된 이 산성은 '대덕산'이 고문헌에 '성불산'이었던 사실을 환기하면서 '성불산고성'으로 명칭을 바로잡아야 한다는 것이다. 시인은 그 안타까움을 "원적 내팽개친 성불산은 뭐라 한탄하겠나"라고 지적한다.

시인의 일련의 시에서 가족이나 가까운 사람들과의 일상사에 대해서도 온화하고 진솔한 언어로 그리고 있으며, 이 시들은 교훈적인 빛깔이 농후한 성찰과 일깨움들이 다져져 있다. 일종의 수신법修身法을 암시하는 듯한 「과메기[貫目魚]」는 바닷가 응달에서 얼었다 녹았다를 반복하면서 빚어진 과매기 두름을 보면서 "밤낮으로 부르는 꾸덕꾸덕한 / 냉훈법冷燻法 노랫가락 한 두름씩 엮어 듣는다."는 익살을 보이는가 하면, 「바지랑대」는 빨래들을 떠받들고 서서 "날아갈 듯 가벼운 마음 지니면서 / 꼬옥 붙잡고 서 있는" 자세에 눈길을 준다.

「팽이의 한 수」는 "죽어라 두들겨패는 데도 죽기는커녕 / 오히려 똑바로 서서 빙빙 돌고 / 윙윙거리는 노래까지 곁들이는 팽이"에 착안, "죽지 않을 만큼 물리적인 힘을 가하는 것도 / 정신을 바짝 차리게 하는 기회가 된다는 것을", 「'누군가의 가족입니다'」는 공동체의식을 일깨우며, 「임산부 배려석」과 「내 잘못 아닌 통상 우리네 말」은 남에 대한 배려와 염치를 희화적으로 일깨운다.

한편 「모서리의 유감」은 빗방울, 물방울, 나무의 몸통, 조류와 물고기의 알, 민들레 홀씨, 수박 등의 열매, 사람의 머리와 안구, 심지어 시드니 오페라하우스. 새 둥지까지 열거하면서 위태롭고 각이 진 모서리만 양산하는 '둥근 머리'와 모서리가 난무하는 도시를 질타하며 "이 세상 어디 없이 위태로운 모서리는 유감"이라고 '둥긂'의 회복과 그 회귀를 촉구한다. 둥근 형상의 모태를 '궁전'으로 비약하기도 하고, 모유母乳를 먹을 때의 어머니의 유두乳頭가 그 둥긂을 처음 맛보게 했다는 논리를 편다.

자식에게 세상이 둥글다는 것을
곧바로 체험하게 하시는 어머니들은
궁전 나선 태초의 울음에
작게는 단단하고 감감한 유두로
둥근 세상을 부드럽게 맛보도록 하신다

어렵고 힘든 일 모두 참고 견디라는 듯
초유의 단맛을 주신다
그 단맛은 뽀얗고 둥글다
여린 손으로 번갈아 느끼도록
크게는 모성애로 내려놓으시는
어머니의 둥근 세상

모유를 먹어 보지 않은 사람은
풍만한 어머니의 여유를 모를 것이다

그리고 지구도 세상도 둥글다는 것을

—「어머니의 둥근 세상」 전문

사람이 스스로는 느끼지 못한 모태(자궁)도 둥글지만, 시인은 처음으로 둥근 세상을 부드럽게 맛보도록 체험하게 한 건 유두였으며, 그 초유初乳의 단맛은 어렵고 힘든 일 모두 참고 견디라는 의미로 풀이하고, 그 단맛도 어머니의 둥근 세상처럼 둥글다고 표현하고 있다. 그래서 모유를 먹어 보지 않은 사람은 풍만한 어머니의 여유를 모를 뿐 아니라 지구도 세상도 둥글다는 것을 모른다고 모유 예찬을 하고 있다.

그렇다면 시인에게 아버지는 어떤 존재일까. 힘들게 절터를 찾아가는 오르막길에서 그 오르막길보다 "가족을 위한 험난한 오르막길 평생 걸었을 아버지"를 떠올리며, "면목 없어 난처할 때면 아버지를 묵상한다"(「아버지의 오르막길」)고도 한다. 그뿐 아니라 아버지의 가르침을 반추하며, 그 가르침을 "구름 그늘 몇 점 끌고 온 바람"으로 상징되는 자연으로도 마음을 가져간다.

무슨 일이든 시작이면 포기하지 말라면서
환희의 기쁨이 기다리는 오르막은 늘 벅차다면서
밥상머리 가르침이 그러하던 때마침
공교롭게도 구름 그늘 몇 점 끌고 온 바람

등줄기에 땀방울 낚아채어 인내의 길을 터 준다.

—「아버지의 오르막길」 부분

어머니와 아버지의 사랑과 가르침을 되새기며 삶의 길을 가는 시인은 아들의 자식까지 더불어 살아가는 할아버지다. 「부부 나이테」에서 "우리 결혼해 / 우리 엄마 아빠 됐어 / 우리 아이들 출가시켰어 / 우리 할머니 할아버지 됐어 / 우리 100세 바라보는 중이야"라고 담박하게 말하듯이, 내리사랑도 담박하다.

「손주에게 쓰는 짧은 편지」에서는 증조부가 작명한 손자가 다섯 살 때 교통표지판 한자를 읽고 할머니가 보듬어 키워 멋진 사내답게 자라났으며 글 솜씨 좋아 자랑스럽고, 손녀는 돌잔치 때 아빠 따라 넉살스런 춤을 추고 외할머니 보듬어 키워 해맑은 웃음에다 예쁘고 여성스러우며 영재반에 뽑혀 자랑스럽다며 세계인에 우뚝할 날을 기다린다는 할아버지의 마음을 진솔하게 보여 준다.

초등학생인 손자 혁민赫敏과 손녀 아인雅仁의 글자 뜻을 떠올리며 그 글자 뜻같이 잘 자라 자랑스러워하는 「손주에게 쓰는 짧은 편지」와 길을 걸으면서 예사로 정지선을 조금 넘거나 횡단보도로 살짝 디뎌도 질책하는 아이가 기본을 지키게 가르친 '선생님'이나 다름없다는 「때론 아이도 선생님이다」는 할아버지의 사랑이 담박하게 베어 있는 시이며, 「코로나 바이러스 겁먹은 손녀」나 「습작」도 같은 맥락의 시다.

다섯 살배기가
한자를 익히다가
오히려 나를 가르친다

몸 기 '己'를 읽다가
활 궁 '弓'과 비슷하다며
알고 있는지 묻는다

다음 쪽, 안 내 '內'를 읽다가
고기 육 '肉'과 비슷하다며
알고 있는지 또 묻는다

뒷줄에서 힘 력 '力'을 읽는다
꼭지가 없으면 칼 도'刀'란다

기특하다며 고개 끄덕이자
'말로 하라'며 또 가르친다
손자는

—「습작」 전문

앞에서 짧게 언급한 바 있듯이, 시인은 역사의 숨결이 스며 있는 유적지들을 찾는 발길이 빈번하게 이어지며, 고문헌들을 즐겨 들여다보는 학구파다. 이 때문에 그의 시에는 주석註釋이 따라붙거나 시보다 훨씬 긴 산문을 덧붙이는 경우도 있다. 이 시집의 '시인의 말'과 표제시 「상리화裳梨花」의 주註의 일부만 짧게 인용해 보더라도 왜 「상리화」라는 시를 쓰고, 시집 제목으로도 택했는지 짚어 보게 하며, 표지에 왜 굳이 '영시寧時의 영시詠詩'라 했는지도 시사한다.

'시인의 말'에서는 "고문헌을 뒤척이다가 국어사전에서 보지 못한 단어 하나 알아냈다. 보지도 못했는데 어찌 그리 맘 설렜을까, 국립중앙도서관도 찾아가고 문헌 쪽쪽 수소문해도 끝내 글귀 하나 내밀지 않더라. 그게 상리화裳梨花이다."라고 쓰고 있으며, 시 「상리화裳梨花」의 주註에서는 "'裳梨花상리화'는 『朝鮮賦』 책자에 한 문장의 제목이기에 자명하다 할 것이다. 국역하면서 오류로 '棠梨花당리화'가 되어 오기한 것으로 보인다는 의문이 맞는다면 국어사전에 '裳梨'가 등재되든지, '棠梨花당리화' 역시 바로잡든지 그 명제命題가 아닌가 싶다."고 밝히고 있다.

시인의 학구열을 가감 없이 말해 주는 표제시는 그 명칭을 바로잡는 데 무게가 실려 있을 뿐 아니라 자신(영시寧時)의 시를 왜 '영시詠詩'(시를 읊음)라고 하는지 암시하기도 해 전문을 옮겨 본다.

뛰는 가슴
절제될 줄 모르도록

무리지은 상리裳梨

우리네 사전에서 보지 못해
어리둥절한데

들춰야 하나 말아야 하나 고민하다가
총총총 붉게 익은 명사
땅에 뚝뚝 떨어지고

국어사전 터전에서
붉게 익은 단어 하나
발아發芽된다면야

훗날,
"읊조리길 잘했네" 상리화,
한갓진 가을
생각의 너털웃음 지어 볼까나

—「상리화裳梨花」 전문

권영시 시집
상리화 裳梨花

초판 1쇄 발행 2021년 9월 15일

지은이 권영시
펴낸이 이은재
펴낸곳 도서출판 그루

출판등록 1983. 3. 26(제1-61호)
06121 서울특별시 강남구 봉은사로 129, 1210호
42452 대구광역시 남구 큰골 3길 30
TEL 02-358-1161, 053-253-7872 / FAX 053-257-7884
E-mail / guroo@guroo.co.kr

값12,000원
ISBN 978-89-8069-455-6